Doris Muliar

Intervallfasten mit dem Thermomix®

Die besten Rezepte für alle Arten des Kurzzeitfastens: 5:2, 16:8, 1-Tages-Diät und viele mehr

Tragen Sie sich jetzt unter **www.thermomix-fans.de** für unseren Newsletter ein und erhalten Sie zu neuen Veröffentlichungen Leseproben und kostenlose Rezepte!

riva

Bibliografische Information der Deutschen Nationalbibliothek
Die Deutsche Nationalbibliothek verzeichnet diese Publikation in der Deutschen Nationalbibliografie. Detaillierte bibliografische Daten sind im Internet über http://d-nb.de abrufbar.

Für Fragen und Anregungen
info@rivaverlag.de

Wichtiger Hinweis
Sämtliche Inhalte dieses Buches wurden – auf Basis von Quellen, die die Autorin und der Verlag für vertrauenswürdig erachten – nach bestem Wissen und Gewissen recherchiert und sorgfältig geprüft. Alle Rezepte in diesem Buch wurden für den Thermomix® TM5 entwickelt und mit diesem getestet. Bitte beachten Sie: Der Mixtopf des Thermomix® TM5 ist größer als der des TM31 (Kapazität von 2,2 Litern anstatt 2,0 Liter beim TM31). Daher dürfen aus Sicherheitsgründen die Rezepte aus diesem Buch nur dann mit dem TM31 nachgekocht werden, wenn die Mengen angepasst wurden. Achten Sie auf die Füllstandsmarkierungen und überschreiten Sie die maximale Füllmenge nicht. Der Verlag und die Autorin haften für keine nachteiligen Auswirkungen, die in einem direkten oder indirekten Zusammenhang mit den Informationen stehen, die in diesem Buch enthalten sind. Thermomix® ist ein eingetragenes Warenzeichen der Vorwerk & Co. KG. Diese Publikation ist kein offizielles Lizenzprodukt der Vorwerk & Co. KG.

Originalausgabe
3. Auflage 2019

Nymphenburger Straße 86
D-80636 München
Tel.: 089 651285-0
Fax: 089 652096

Redaktion: Caroline Kazianka
Umschlaggestaltung: Laura Oswald
Umschlagabbildungen: Vorderseite: shutterstock.com/Maram, shutterstock.com/Tatiana Volgutova, shutterstock.com/Fascinadora, shutterstock.com/xpixel, shutterstock.com/BartFire, shutterstock.com/Tim UR, shutterstock.com/virtu studio, shutterstock.com/Africa Studio, shutterstock.com/MaraZe; Rückseite: shutterstock.com/Maram, shutterstock.com/marco mayer, shutterstock.com/Elena Veselova, shutterstock.com/Nataly Studio, shutterstock.com/Bozena Fulawka, shutterstock.com/Anna Shepulova, shutterstock.com/MaraZe
Satz: inpunkt[w]o, Haiger (www.inpunktwo.de)
Druck: Florjancic Tisk d.o.o., Slowenien
Printed in the EU

ISBN Print 978-3-7423-0706-4
ISBN E-Book (PDF) 978-3-7453-0313-1
ISBN E-Book (EPUB, Mobi) 978-3-7453-0314-8

Inhaltsverzeichnis

Vorwort

Eine Ernährungsumstellung muss alltagstauglich sein! Und flexibel! Was nützen strenge Regeln, Verbote und kompliziertes Kalorienzählen, wenn man alle guten Vorsätze schon nach einer Woche frustriert über Bord wirft? Verbote erzeugen Stress. Hält man sich nicht daran, macht das schlechte Gewissen noch mehr Stress. Und Stress beeinträchtigt die Fettverbrennung und damit das Abnehmen und Wohlbefinden.

Beim intermittierenden Fasten oder Intervallfasten bleibt das alles aus. Kein Kalorienzählen, keine Listen mit verbotenen Nahrungsmitteln und keine Hungerportionen auf den Tellern.

Sie bestimmen selbst, nach welchem Rhythmus und wie oft Sie Fastenperioden einlegen.

Dazu gibt es verschiedene Modelle: Für den Einstieg bieten sich eine Fastenperiode mit 12 oder 14 Stunden und drei Mahlzeiten in den übrigen Stunden an. So können Sie sich Schritt für Schritt an die 16-stündige Fastenperiode herantasten, die für Ihre Gesundheit und Ihre Abnehmpläne optimal ist.

Es gibt Anleitungen für Intervallfasten mit zwei oder drei Mahlzeiten und die beliebte 5:2-Formel, bei der an fünf Tagen normal gegessen wird und man an zwei Tagen 500 bzw. 600 kcal zu sich nimmt.
Ein Vorteil des Intervallfastens: Familie und Freunde können alles mitessen, denn es gibt ganz normale Mahlzeiten mit allen gewohnten Zutaten.
Wir stellen in diesem Buch die verschiedenen Möglichkeiten des Intervallfastens kurz vor und geben Anregungen, wie Sie am besten über die Fasten-Runden kommen. Dazu gibt es einen umfangreichen Rezeptteil, in dem Sie sättigende und frische Ideen für Frühstück, Mittag- und Abendessen finden, die Sie in Ihrem Thermomix® schnell zubereiten können. Es gibt zusätzliche Beilagen, mit denen Sie eine Mahlzeit vor dem Fastenintervall bei Bedarf sättigender gestalten können.
Zu guter Letzt gibt es auch kleine Leckereien als Nachtisch und Rezepte für leichte Brühen, falls das Hungergefühl zwischendurch zu groß wird.
Suchen Sie sich Ihren Intervallfasten-Favoriten und freuen Sie sich über die leckeren Rezepte! Wir wünschen Ihnen viel Erfolg bei Ihrem Vorhaben – sei es Abnehmen oder einfach nur die Steigerung Ihres Wohlbefindens.

Zehn Punkte für Ihre Sicherheit

Wahrscheinlich sind Sie bestens vertraut im Umgang mit dem Thermomix® und haben ihn schon längst in Ihren Kochalltag integriert. Wenn Sie Ihren Thermomix® aber längere Zeit nicht verwendet haben: Lesen Sie sich bitte noch einmal die Gebrauchsanleitung gut durch. Zur Sicherheit haben wir die wichtigsten Bedienungs- und Sicherheitsfragen für den TM5 kurz zusammengefasst.

1. Wenn Sie zerkleinern oder pürieren: Setzen Sie immer den Messbecher ein. Beim Zerkleinern von Nüssen, Gemüse oder anderen harten Lebensmitteln könnten sonst Teile herausgeschleudert werden. Beim Pürieren von heißen Suppen besteht Verbrennungsgefahr durch Spritzer! Verwenden Sie auch den Spritzschutz, wenn Sie vier oder mehr Portionen Suppe kochen – da kann es ebenfalls spritzen.
2. Bei heißem Mixtopfinhalt (über 60 °C) nicht sofort im Turbo-Modus pürieren und die Drehzahl nur langsam ansteigend erhöhen.
3. Beachten Sie die maximale Füllstandsmarkierung im Mixtopf. Er ist für 2,2 Liter ausgelegt.
4. Der Mixtopfdeckel entriegelt automatisch nach Ende der eingestellten Garzeit. Versuchen Sie nicht, ihn gewaltsam zu öffnen.
5. Beim Dampfgaren mit dem Varoma darf der Messbecher nicht eingesetzt werden – es kann sonst kein Dampf entweichen.
6. Bei Verwendung des Varoma muss der Dampf zirkulieren können. Lassen Sie daher immer einige Schlitze im Boden frei. Geben Sie genügend Wasser für die Dampfentwicklung in den Mixtopf. Setzen Sie stets den Varoma-Deckel auf und achten Sie darauf, beim Öffnen nicht mit dem heißen Dampf in Berührung zu kommen.

7. Der Rühraufsatz (Schmetterling) zum Schlagen von Eischnee oder Sahne darf nur bis höchstens Stufe 4 verwendet werden. Der Spatel darf bei Benutzung des Schmetterlings nicht eingeführt werden.
8. Bitte niemals ein anderes Rührwerkzeug als den Spatel in die Deckelöffnung einführen. Der Spatel ist mit seinem »Kragen« so konstruiert, dass er nicht mit den Messern in Berührung kommen kann.
9. Wenn Sie den Mixtopf zum Reinigen auseinandernehmen, gehen Sie äußerst vorsichtig mit dem Mixmesser um – die Messer sind höllisch scharf, es besteht Verletzungsgefahr.
10. Wenn Ihr Thermomix® keinen festen Platz in Ihrer Küche hat, stellen Sie ihn immer auf eine rutschfeste, ebene Arbeitsfläche. Beim Zerkleinern oder beim Rühren von Teigen könnte der Thermomix® durch Unwucht in Bewegung geraten. Bleiben Sie bei diesen Arbeitsschritten neben dem Gerät.

Zum Umgang mit diesem Buch

- Alle Rezepte sind für den TM5 konzipiert.
- Die Mengenangaben für das Gemüse beziehen sich auf unvorbereitete Ware.
- Mit Zwiebel meinen wir eine mittelgroße Zwiebel. Sonst ist angegeben: große oder kleine Zwiebel.
- 1 EL sind 15 g.
- 1 TL sind 5 g.
- Milch und Joghurt verwenden wir immer mit 3,5 % Fett.
- Bei Frischkäse und Quark wählen wir Varianten mit 20 % Fett, obwohl auch solche mit mehr oder weniger Fett angeboten werden.

Die meisten Gerichte – speziell diejenigen, die vor einem Fastenintervall eingenommen werden – haben zur besseren, lang anhaltenden Sättigung einen hohen Eiweiß- und einen geringen Kohlenhydratgehalt, sie sind also Low-Carb. Die Rezepte sind verschiedenen Kategorien zugeordnet. Die Symbole dafür finden Sie bei jedem Rezept oben rechts. So sehen Sie auf einen Blick, ob das Rezept mit Fleisch oder Fisch zubereitet, eiweißreich oder für Vegetarier/Veganer geeignet ist.

16:8 – 16:8

5:2 – 5:2

Protein – Proteinreich

Mit Fleisch

Mit Fisch

Vegetarisch

Vegan

Bei jedem Rezept finden Sie ausführliche Nährwertangaben, die nach dem Bundeslebensmittelschlüssel berechnet sind. Kcal steht hierbei für Kilokalorien, E für Eiweiß, F für Fett und KH für Kohlenhydrate.

Keine Angst vor dem Fasten!

Fasten klingt erst einmal nach Verzicht, nach Strafe oder Spinnerei. Und das Wort Diät hat keinen viel besseren Ruf – fast immer sind die mühsam abgehungerten Pfunde nur allzu schnell wieder da.

Beim Intervallfasten müssen Sie jedoch weder Verzicht noch Enttäuschung erleben. Zum einen dürfen Sie ja essen – und während der Essenszeiten sogar ohne Einschränkungen. Zum anderen sind die Zeiträume ohne Essen so kurz, dass der Körper gar keine Zeit hat, auf Sparflamme zu schalten und so den berüchtigten Jo-Jo-Effekt auszulösen.

Der Stoffwechsel bleibt voll aktiv, er wird sogar angekurbelt, was den Energieverbrauch erhöht. Das kommt daher, dass eine größere Menge des Hormons Noradrenalin bereitgestellt wird, welches das Herz-Kreislauf-System anregt und die Fettverbrennung verbessert.

Falls Sie sich anfangs während des Fastens etwas schwindelig oder schwach fühlen, hören Sie auf Ihren Körper und essen Sie eine Kleinigkeit. Bei manchen Menschen dauert es ein paar Tage, bis der Körper an die kurzen Fastenzeiten angepasst ist. Gerade wenn sie gewohnt waren, auch zwischendurch zu naschen.

Der eine oder andere wird nach kurzer Eingewöhnungszeit das Intervallfasten nicht mehr nur als Mittel sehen, um Gewicht zu reduzieren, sondern es als Lebensgewohnheit ganz in seinen Alltag integrieren.

Entlastung für den Körper

Es muss auch nicht immer ums Abnehmen gehen. Vorübergehender, stunden- oder tageweiser Nahrungsverzicht ist prima, um dem Organismus eine Pause zu gönnen. Viele kennen das von sogenannten »Entlastungstagen«, an denen es nur Flüssignahrung, Reis oder gekochte Kartoffeln zu essen gibt.
Auch mehrtägiges oder -wöchiges Intervallfasten bedeutet Urlaub für den Körper – vor allem für den viel beschäftigten Darm. Egal, welche Intervallmöglichkeit Sie wählen, nehmen Sie viel Gemüse zu sich, gepaart mit komplexen Kohlenhydraten. Je bunter, desto besser – passende Rezepte hierfür sind als »für Vegetarier geeignet« gekennzeichnet. Gemüse – und auch Obst – enthält jede Menge sekundärer Pflanzenstoffe, Antioxidantien, Vitamine und Mineralstoffe sowieso. Eine große Gemüseportion sättigt und verhindert dadurch, unnötig viel Fett und Kohlenhydrate zu sich zu nehmen. Essen Sie Gemüse und Obst dann, wenn es Saison hat und darüber hinaus auch noch aus Ihrer Region kommt – so bekommen Sie alle Nährstoffe in Hülle und Fülle, die Ihre Zellen frisch und putzmunter machen.

Grundprinzip des Intervallfastens

Sie zählen keine Kalorien mehr, Sie zählen Stunden. Ausnahme sind die »Fastentage« bei der 5:2-Diät und beim alternierenden Fasten. Die an den beiden Diättagen erlaubten 500 (Frauen) bzw. 600 (Männer) kcal sollten nicht unterschritten werden – Sie würden sonst zu schnell hungrig. Wenn es mal ein wenig mehr wird, sollte Ihnen das auch kein Kopfzerbrechen bereiten. Wir haben alles schon für Sie ausgerechnet. Die 500-kcal-Rezepte können Sie natürlich auch für alle anderen Intervallformen verwenden.

Unvernünftig wäre es, an den fünf Tagen beziehungsweise in den zwölf, zehn oder acht Stunden, an denen es »ran an die Töpfe« heißt, unnötig große Mengen zu verdrücken. Die Rezepte, die wir für Sie entwickelt haben, werden Sie lang anhaltend satt machen und Ihnen auch die nötigen Nährstoffe im richtigen Verhältnis liefern. In Ihrem Thermomix® können Sie alles gewohnt schnell und frisch zubereiten – sollten Sie auswärts essen, halten Sie sich lieber an große Gemüseportionen, mageres Fleisch oder Fisch.

Grundsätzlich sollten Sie eine Intervallmethode wählen, die zu Ihrem Leben passt. Wenn Sie viel unterwegs sind, kann eine 16-stündige Fastenperiode vielleicht problematisch sein. Da wären ein oder zwei Fastentage nach der 5:2-Methode eventuell besser. Ab Seite 23 finden Sie alle Modelle übersichtlich beschrieben. Außerdem können Sie natürlich verschiedene Modelle kombinieren.

Nicht geeignet ist das Intervallfasten für Schwangere, Stillende, Untergewichtige sowie Kinder und Jugendliche. Diabetiker sollten sich mit ihrem Arzt besprechen, da die Gefahr der Unterzuckerung besteht.

Gesundheitliche Aspekte

Auf mehr oder weniger lange Hungerstrecken ist der Körper von jeher programmiert. Volle Kühlschränke zu Hause, gut bestückte Regale in den Supermärkten und damit jederzeit verfügbare Nahrung gibt es noch nicht lange genug, als dass sich unser Organismus an ständiges Essen, Verdauen und Verwerten angepasst hätte. Er ist genetisch darauf programmiert, dass sich Zeiten der Nahrungsaufnahme mit Zeiten der Ruhephasen für den Stoffwechsel abwechseln.

Nachgewiesene positive Effekte hat das Kurzzeitfasten bei Insulinresistenz, Allergien und Entzündungen. Die gesundheitlichen Vorteile, die durch das Abnehmen hervorgerufen werden, brauchen wir nicht extra zu erwähnen. Nur so viel: Der Cholesterinspiegel normalisiert sich, das heißt, das »gute« HDL-Cholesterin wird gesteigert. Das wiederum verhindert ein Ansteigen der Arteriosklerosegefahr. Nicht zuletzt profitieren auch Gehirn und Nervenkostüm, wenn Ihr Körper nicht ständig mit Aufnahme und Verarbeitung von womöglich schädlicher Nahrung beschäftigt sind. Sie werden wacher, aufnahmefähiger und stressresistenter.

Die Bedeutung für Psyche und geistiges Wohlbefinden findet auch in den Fastenzeiten der großen Religionen ihren Niederschlag. Christentum, Islam, Hinduismus und Buddhismus teilen die Erkenntnis, dass vorübergehende Enthaltsamkeit heilende Kräfte entwickelt und das Wohlbefinden steigert. Der jährliche Fastenmonat Ramadan für Muslime oder die Fastenzeit zwischen Aschermittwoch und Ostern für Christen sind feste Rituale, die nicht nur von streng Gläubigen eingehalten werden.

Bedeutende Ärzte der Geschichte wie Hippokrates, Paracelsus oder Otto Buchinger beschrieben die heilende und vorbeugende Wirkung des Fastens. Gegenwärtig ist der TV-Arzt Eckart von Hirschhausen bekanntester Vorreiter beim 16:8-Intervallfasten, und Dr. Dr. Michael Despeghel erklärt in seinem Buch *2 Tage Diät sind genug* ausführlich die 5:2-Diät.

Vorurteile

Wenn Sie erzählen, dass Sie Ihre Gesundheit durch Intervallfasten verbessern oder Ihr Gewicht reduzieren wollen, werden Sie oft mit Vorurteilen oder überholten Vorstellungen konfrontiert werden. Zum Beispiel ist noch weitverbreitet, dass das Frühstück die wichtigste Mahlzeit des Tages sei – ohne Frühstück keine Energie, um den Arbeitstag zu beginnen, keine Konzentration, müde Muskelzellen usw.

Häufig ist auch zu hören, dass Fasten den Stoffwechsel verlangsamt und die Kilos schlechter vom Körper »losgelassen« werden. Doch das trifft nur auf Langzeitfastenprogramme zu. Erst nach 48 Stunden Fasten beginnt der Stoffwechsel, auf Sparflamme zu fahren.

Auch die Regel »Fünf am Tag« geistert noch durch viele Köpfe. Gut gemeint war dieser Ansatz, um mit fünf Portionen mehr Obst und Gemüse in den Alltag zu bringen. Leider wurde das aber oft missverstanden und stattdessen Kuchen und Snacks konsumiert.

Gerne wird über das Intervallfasten auch als neue Mode gespottet. Manche meinen gar, Nährstoffmangel bei dieser Ernährungsform auszumachen. Alles Quatsch!

Erst 2016 wurde der Japaner Yoshinori Ohsumi für die Erforschung der gesundheitsfördernden Wirkung des Intervallfastens mit dem Nobelpreis für Medizin ausgezeichnet. Denn er fand heraus, auf welche Weise während einer Fastenperiode ein körpereigener Reparaturmechanismus wirksam wird, der Altlasten in den Zellen nicht nur aufspürt, sondern sie gleich wiederverwertet. Es gibt also keine Mangelerscheinungen. Im Gegenteil: Stoffwechselabfälle werden zu neuem Baumaterial für die Zellen. Versteckte Entzündungen – Ursache vieler Störungen – werden dadurch ebenfalls beseitigt. Autophagie heißt dieser Prozess des Großreinemachens. Ab einer 14-stündigen Fastenperiode werden die Mechanismen der Autophagie voll wirksam.

Tipps zum Einstieg

Bei einer Ernährungsumstellung ist der Anfang meist nicht allzu schwer, da Sie hoch motiviert sind, endlich etwas an Ihrer Figur, an Ihrer Fitness oder an Ihrem allgemeinen Wohlbefinden zu verbessern. Doch schnell kommt dann die Erkenntnis, dass der Verzicht zu groß, die Verlockungen zu drängend sind und das schnelle Ergebnis auf sich warten lässt.
Da kann es helfen, die Sache langsamer, dafür aber nachhaltiger anzugehen. Nehmen Sie sich Zeit und tasten Sie sich in kleinen Schritten an einen neuen Essrhythmus heran.

- Egal, welche Intervallform Sie ausprobieren, Sie sollten immer reichlich trinken. Wasser sowieso, inklusive Infused Water (mit ein paar Früchten oder Kräutern aromatisiertes Wasser), Kräutertee, schwarzer, grüner oder weißer Tee befrieden den Magen, wenn er knurrt. Hilfreich und mit einem hohen Sättigungsgefühl verbunden sind auch heiße Brühen – am besten selbst gemacht. Die Rezepte dafür finden Sie ab Seite 164.
- Nehmen Sie sich zum Einstieg für ein paar Tage oder eine Woche vor, wirklich alle Snacks wegzulassen. Wenn Sie sich zu den drei Mahlzeiten gut satt gegessen haben, kann eigentlich gar kein Hunger aufkommen. Drei Mahlzeiten mit Pausen von vier bis fünf Stunden dazwischen wirken Wunder für Ihren Insulinhaushalt und damit auch für die Entstehung des Hungergefühls. Obst, kleine Eis- oder Kuchenportionen können Sie als Nachtisch, nicht aber zwischendurch essen.

- »Snack, ade« hat gut geklappt? Dann können Sie jetzt am Rhythmus arbeiten. Lassen Sie zwischen zwei der drei Mahlzeiten zwölf Stunden Pause – schon sind Sie im 12:12-Modus (Infos dazu Seite 23).
- Diese zwölf Stunden nahrungsfreie Zeit können Sie jetzt Schritt für Schritt erweitern. Um 30 Minuten täglich oder 1 Stunde. Manchmal kommt vielleicht etwas dazwischen – eine Einladung, eine Feier, der langersehnte Urlaub. Keine Angst, wenn Sie den gewählten Rhythmus einmal nicht ganz einhalten – Sie machen am nächsten Tag oder nach dem Urlaub einfach wieder weiter.
- Die meisten Menschen kommen am besten damit klar, das Abendessen vor die Fastenstunden zu legen. Nach zwölf oder mehr Stunden gibt es dann Frühstück oder schon Mittagessen. Weil Sie mehr als die Hälfte der Zeit ohnehin schlafen, erscheint die »Fastenzeit« recht kurz. Wenn Sie also im 12:12-Modus um 19 Uhr ein eiweißreiches Abendessen zu sich nehmen, können Sie um 7 Uhr morgens wieder frühstücken. Deal?
- Essen Sie Ihre Mahlzeiten bewusst und nicht nebenher. Sie erleben ein tieferes Sättigungsgefühl und sind besser auf die nächsten snackfreien Stunden vorbereitet.
- Trinken Sie über den Tag verteilt viel Wasser oder ungesüßten Kräuter-, grünen oder schwarzen Tee. Das reguliert Ihren Flüssigkeitshaushalt und füllt den Magen. Kaffee (ohne Milch oder mit wirklich nur ganz wenig) oder eine Tasse heiße Brühe können helfen, den Appetit zu kontrollieren. Früchtetee ist weniger geeignet – oft ist den Fertigmischungen Zucker zugesetzt.
- Achten Sie darauf, dass Ihre letzte Mahlzeit vor dem 12-,14- oder 16-stündigen Fasten sehr eiweißreich ist. Das sättigt lange und vermeidet, dass Sie zum Beispiel vor dem Schlafengehen noch unbedingt etwas naschen wollen. Außerdem schützt eine eiweißreiche Mahlzeit vor dem Abbau von Muskelmasse. Rezepte für eiweißreiche Mahlzeiten finden Sie hauptsächlich im Kapitel Abendessen. Vegetarier, die eiweißreiche Fisch- und Fleischportionen vermeiden, müssen hier auf Gerichte mit Hülsenfrüchten ausweichen. Proteinreiche Gerichte sind speziell gekennzeichnet.
- Seien Sie aktiv! Arbeit, Sport, Kino – was auch immer. Das lenkt von Gedanken an Essen und Snacken ab!
- Entspannen Sie! Ständige Hochspannung ruft das Stresshormon Cortisol auf den Plan. Und ein Zuviel davon durchkreuzt alle Abnehmpläne!

3-Tage-Plan 12:12 und 14:10

7 Uhr Frühstück	13 Uhr Mittagessen	19 Uhr Abendessen
Beerenporridge mit Joghurt (Seite 33)	Gelbe Linsen mit Spinat (Seite 76)	Hähnchenbrust all'arrabiata (Seite 114)
Kiwi-Erdbeer-Bowl (Seite 45)	Buchweizensalat mit Roter Bete (Seite 64)	Gedünsteter Lachs mit Salatpesto (Seite 90)
Knuspermüsli (Seite 38)	Paprika-Bohnen-Eintopf (Seite 78)	Auberginencurry (Seite 135)

3-Tage-Plan 16:8

zwischen 11 und 13 Uhr Frühstück oder Mittagessen	19 Uhr Abendessen
Omelett mit Brokkoli (Seite 50)	Gedämpfter Fisch mit Couscous und grünen Bohnen (Seite 98)
Blumenkohl-Brokkoli-Salat mit Speck (Seite 70)	Rinderragout mit Paprika (Seite 118)
Haferporridge mit Apfel und Zimt (Seite 31)	Gemüserösti mit Halloumi (Seite 136)

Beispiele für eine Hauptmahlzeit 20:4

Hauptgericht	Beilage	Nachtisch
Gedämpfter Lachs in Zitronensauce (Seite 92)	Süßkartoffelpüree mit Walnüssen (Seite 144)	Melonensorbet (Seite 159)
Buchweizensalat mit Rosenkohl (Seite 62)	Zucchinibrot (Seite 149)	Zabaglione mit Früchten (Seite 161)
Minihackbraten (Seite 124)	Blumenkohlgemüse (Seite 154)	Buttermilchmousse mit Beeren (Seite 160)

Die besten Eiweißlieferanten für eine lange Sättigung	Eiweiß in g pro 100 g
Fisch	
Flusskrebs	15
Forelle	20
Garnelen	19
Heilbutt	20
Lachs	20
Lachs, geräuchert	29
Rotbarsch	18
Thunfisch	22
Fleisch	
Hähnchenbrust ohne Haut	22
Putenbrust ohne Haut	24
Rinderfilet	22
Schweinefilet	22
Nüsse und Samen	
Cashewkerne	17
Erdnüsse	26
Leinsamen	29
Mandeln	19
Sesamsamen	21
Walnusskerne	15

Die besten Eiweißlieferanten für eine lange Sättigung	Eiweiß in g pro 100 g
Hülsenfrüchte	
Bohnen, getrocknet	21
Kichererbsen	19
Linsen	24
Mungobohnen	23
Käse	
Appenzeller (50 % Fett)	25
Bergkäse (45 % Fett)	29
Feta	17
Frischkäse (20 %)	13
Harzer	30
Mozzarella	19

Lieber nicht!

Ein paar No-Gos sollten Sie beherzigen. Nicht weil der Erfolg des Intervallfastens davon abhängt, sondern weil das für Ihr Wohlbefinden und Ihre Gesundheit besser ist und außerdem das Einhalten der Intervalle dadurch leichter wird.

- Raffinierter Zucker, Weißmehl und polierter Reis sind Dinge, auf die Ihr Körper mit Freude verzichten kann. Die drei gelten als extrem entzündungsfördernd, bringen den Stoffwechsel durcheinander, machen krank und verhindern das Abnehmen. Das Weglassen dieser drei denaturierten Nahrungsmittel führt automatisch zu einer kohlenhydratärmeren Ernährung, reguliert den Blutzuckerspiegel und macht fit. In unseren Rezepten werden Sie diesen Grundsatz beherzigt finden.
- Denken Sie nicht ständig daran, dass Sie »auf Diät« sind. Das sind Sie nicht! Sie können ja alles essen, was Ihnen in den Sinn kommt. Nur eben erst nach einem Blick auf die Uhr. Umso besser schmeckt es dann nach der Wartezeit.
- Wenn es dann doch mal nicht geklappt hat mit dem Intervall oder Sie an Ihrer Lieblingseisdiele nicht vorbeikamen: Kein Stress! Kein schlechtes Gewissen! Sie sollen mit Freude dabei sein, und ein kleiner Ausrutscher tut den guten Ergebnissen – wie sonst bei vielen Verzicht-Diäten – keinen Abbruch.
- Denken Sie nicht, Sie könnten »auf Vorrat« essen. Ihre Hauptmahlzeiten, je nach Intervallmodell drei, zwei oder eine täglich, sollen Sie satt machen. Doppelte Portionen, besonders fettreiche Speisen oder üppige Nachtische sättigen nicht wesentlich länger, denn der Organismus macht sich zügig daran, alles zu verarbeiten (und einzulagern).
- Ein Glas Bier oder Wein zum Essen ist nicht verboten. Zwischen den Mahlzeiten und in der Fastenphase verhindert Alkohol aber die Fettverbrennung und ist mit seinen vielen Kalorien schon fast eine Mahlzeit.

Die Intervall-Methoden

Wir stellen Ihnen hier die am häufigsten beschriebenen Methoden zum Intervallfasten vor. Unterscheiden kann man grundsätzlich zwischen Intervallfasten nach Stunden – das heißt, Sie wechseln Essenszeiten mit Fastenzeiten täglich in einem bestimmten, festgelegten Rhythmus ab. Oder Intervallfasten in ganzen Tagen – bei dieser Methode können Sie an fünf oder sechs Tagen der Woche normal essen, an zwei Tagen oder einem Tag gibt es nur eine Mahlzeit mit 500 bzw. 600 kcal. Für »Fastenprofis« kann die essensfreie Zeit mitunter auch auf mehr als 24 Stunden ausgedehnt werden, dies sollte aber unter ärztlicher Betreuung geschehen oder zumindest mit dem Arzt besprochen werden. Wenn Sie an Sonderformen des Fastens Interesse haben, finden Sie in Buchläden jede Menge Literatur etwa zu alternierendem Fasten, 24-Stunden-Fasten, Langzeitfasten oder Heilfasten.

12:12

Sie können während zwölf Stunden drei ganz normale Mahlzeiten zu sich nehmen. Dafür können Sie jedes der Rezepte aus diesem Buch wählen, Ihre gewohnten Rezepte verwenden oder auch auswärts essen. Allerdings sollten Sie ein klein wenig darauf achten, dass diese drei Mahlzeiten nicht allzu üppig ausfallen.
Dazwischen gibt es aber nichts, das Kalorien hat. Eigentlich entspricht diese Form des Intervallfastens der ganz normalen Ernährung noch bis in die 70er-Jahre des vorigen Jahrhunderts. Erst dann kamen »Fünf am Tag«, Zwischenmahlzeiten und Snacking (fünf bis acht kleine Mahlzeiten!) auf. Das ist aber alles überflüssig, wenn Sie sich dreimal am Tag zu den Mahlzeiten satt essen. 12:12 ist das ideale Modell für den Einstieg, um sich zunächst einmal daran zu gewöhnen, zwischen den Mahlzeiten und nach dem Abendessen auf süßes oder salziges Naschwerk zu verzichten.

Ein Beispiel für einen Zeitplan: 8 Uhr Frühstück, zwischen 13 und 14 Uhr Mittagessen und um 19.30 bis etwa 20 Uhr Abendessen. Dann zwölf Stunden Pause (einen Großteil davon schlafen Sie). Dann geht es um 8 Uhr wieder los mit Frühstück. Klingt einfach? Ist es auch!
Wer ein paar Tage damit gut klargekommen ist, kann die Fastenzeit Tag für Tag um 30 Minuten oder eine Stunde verlängern, bis ein neuer Rhythmus erreicht ist. Also zum Beispiel später frühstücken oder abends etwas früher essen.

14:10

Hierbei werden schon 14 Stunden ohne Essen verbracht – idealerweise natürlich ein Großteil davon, während Sie schlafen. In den zehn Stunden Essenszeit können Sie immer noch drei Mahlzeiten unterbringen. Sie können das Frühstück weiter nach hinten verschieben und abends zur gewohnten Zeit essen. Manchem wird es vielleicht leichter fallen, schon um 18 Uhr die letzte Mahlzeit des Tages zu sich zu nehmen. Probieren Sie aus, was zu Ihnen passt und was Ihnen guttut. Gibt es Probleme, schalten Sie einfach noch einen oder mehrere 12:12-Tage dazwischen. Auch für diese Form des Intervallfastens sind alle Rezepte aus diesem Buch sowie Ihre Lieblingsrezepte geeignet.

3-Tage-Plan 12:12 und 14:10

7 Uhr Frühstück	13 Uhr Mittagessen	19 Uhr Abendessen
Beerenporridge mit Joghurt (Seite 33)	Gelbe Linsen mit Spinat (Seite 76)	Hähnchenbrust all'arrabiata (Seite 114)
Kiwi-Erdbeer-Bowl (Seite 45)	Buchweizensalat mit Roter Bete (Seite 64)	Gedünsteter Lachs mit Salatpesto (Seite 90)
Knuspermüsli (Seite 38)	Paprika-Bohnen-Eintopf (Seite 78)	Auberginencurry (Seite 135)

16:8

Schon sind wir bei der bekanntesten Form des Intervallfastens nach Stunden angelangt. Das Fastenintervall beträgt jetzt 16 Stunden, in den verbleibenden acht Stunden können Sie zwei (wer es braucht auch drei) Mahlzeiten unterbringen. Ganz neu ist das nicht: Der österreichische Anti-Aging-Spezialist Dr. Johannes Huber machte diese Intervallform schon 2007 als Dinner-Cancelling (zweimal pro Woche kein Essen nach 17 Uhr) bekannt. Alternativ wird auch seit Langem der Frühstücksverzicht, das Breakfast-Cancelling (keine Mahlzeit vor 12 Uhr), kontrovers diskutiert.

Jetzt heißt es eben 16:8-Ernährung und ist nicht minder wirksam. Sie allein entscheiden, in welchem Zeitraum Sie die 16 Stunden ohne Nahrung verbringen. Ein Tagesablauf könnte zum Beispiel so aussehen: 19 Uhr Abendessen, dann 16 Stunden Pause und um 11 Uhr ein großes Frühstück mit Omelett oder Porridge oder schon ein frühes Mittagessen. Wer will, kann sich auch noch einen Nachtisch (ab Seite 158) aussuchen oder einfach etwas Obst essen. Ausgewogene Rezepte, die Sie gut sättigen, speziell gekennzeichnet.

3-Tage-Plan 16:8

zwischen 11 und 13 Uhr Frühstück oder Mittagessen	19 Uhr Abendessen
Omelett mit Brokkoli (Seite 50)	Gedämpfter Fisch mit Couscous und grünen Bohnen (Seite 98)
Blumenkohl-Brokkoli-Salat mit Speck (Seite 70)	Rinderragout mit Paprika (Seite 118)
Haferporridge mit Apfel und Zimt (Seite 31)	Gemüserösti mit Halloumi (Seite 136)

18:6 und 20:4

Die Verlängerungen des Fastenintervalls auf 18 oder 20 Stunden werden von Ernährungswissenschaftlern als besonders wirkungsvoll beschrieben. Diese strengen Formen des intermittierenden Fastens sind sicher eine Möglichkeit, den ein oder anderen Tag besonders entlastend zu gestalten. Im Alltag, der gemeinsame Essen mit Familie, Freunden oder Arbeitskollegen vorsieht, wird das auf längere Zeit aber nicht durchzuhalten sein. Wer es ausprobieren möchte: Bei 18:6 können Sie in sechs Stunden problemlos zwei Mahlzeiten unterbringen, wie bei dem 16:8-Modus. Beim 20:4-Modus wird das zeitlich gesehen schon schwieriger. Die vier Stunden Essenszeit können Sie aber zum Beispiel mit einem kleinen Imbiss und einer proteinreichen Hauptmahlzeit vor Beginn der 20-stündigen Fastenzeit gut nutzen, um über die Runden zu kommen, ohne groß Hunger zu leiden. Auf jeden Fall sollten Sie die Hauptmahlzeit des Tages so üppig, ausgewogen und lecker gestalten, dass Sie Grund haben, sich darauf zu freuen und sie ganz bewusst zu genießen. Sie nehmen dafür am besten die reichhaltigeren Rezepte aus dem 16:8-Fastenmodus, zu denen Sie zusätzlich eine Beilage (ab Seite 144) oder einen Nachtisch (ab Seite 158) essen können.

Beispiele für eine Hauptmahlzeit 20:4

Hauptgericht	Beilage	Nachtisch
Gedämpfter Lachs in Zitronensauce (Seite 92)	Süßkartoffelpüree mit Walnüssen (Seite 144)	Melonensorbet (Seite 159)
Buchweizensalat mit Rosenkohl (Seite 62)	Zucchinibrot (Seite 149)	Zabaglione mit Früchten (Seite 161)
Minihackbraten (Seite 124)	Blumenkohlgemüse (Seite 154)	Buttermilchmousse mit Beeren (Seite 160)

5:2

Dieser Fastenansatz wurde von dem britischen Arzt Dr. Michael Mosley entwickelt, 2013 veröffentlicht und noch im selben Jahr von Dr. Dr. Michael Despeghel an mitteleuropäische Gewohnheiten adaptiert. An fünf Tagen der Woche können Sie ganz normal essen, an den Fastentagen gibt es jeweils eine Mahlzeit mit 500 kcal für Frauen bzw. 600 kcal für Männer, welche einen höheren Grundumsatz beim Kalorienverbrauch haben. Idealerweise machen Sie die beiden Fastentage hintereinander. Es ist aber auch in Ordnung, die Fastentage dann zu planen, wenn es in Ihren Terminkalender passt. Die dafür geeigneten Gerichte sind im Rezeptteil speziell gekennzeichnet. Wir haben sie so entworfen, dass Sie auf fast genau 500 kcal kommen. Für die 100 zusätzlichen kcal für Männer gibt es jeweils einen Hinweis fürs »Upgrade«: »Männer: +«. Wann Sie Ihre Mahlzeit essen, bestimmen Sie. Sie können sich ein sehr großes Frühstück gönnen oder sättigende Portionen mittags oder abends. Bei manchen Autoren sind bei der 5:2-Ernährung auch zwei Mahlzeiten zu je 250 bzw. 300 kcal erlaubt. Erfahrungswerte sprechen allerdings gegen diese Aufteilung.

Sie können 500-kcal-Mahlzeiten in Form von Porridge zu sich nehmen, zum Beispiel das Bananen-Kokos-Porridge mit Beeren (Seite 35).

Oder vielleicht lieber etwas proteinreicher eine Frittata mit Spargel und Erbsen (Seite 52) ...

... bzw. aus dem Kapitel Abendmahlzeiten (ab Seite 88) den gedämpften Lachs auf Cremespinat mit Pinienkernen (Seite 94) ...

... oder Hackfleischbällchen in scharfer Sauce (Seite 107).

6:1

Diese Form ist auch unter der Bezeichnung »1-Tages-Diät« oder »24-Stunden-Fasten« bekannt. Dabei ist nur ein Fastentag pro Woche vorgesehen. Ideal etwa, um ein üppiges und kalorienreiches Wochenende auszugleichen. Es kann aber auch sinnvoll sein, immer einen Tag der Woche (am besten legen Sie dafür einen bestimmten Tag fest) als Entlastung zu planen. Keine Angst vor quälendem Hunger, eher werden Sie mit mangelndem Appetit zu kämpfen haben. Denn wenn die Verdauung Pause macht, bleibt der Ruf nach Nachschub meist aus. Vielen Menschen fällt es leichter, einen Tag lang gar nichts zu essen, anstatt immer wieder auf die Uhr sehen zu müssen, wann man endlich wieder »darf«. Ihr Körper verfügt zudem über einen 24-Stunden-Zuckerspeicher, sodass es weder zu Leistungsabfall noch zu mentalen oder körperlichen Schwächeanfällen kommt. Im Gegenteil: Je öfter Sie einen solchen Fastentag einlegen, desto besser wird Ihr Energiehaushalt trainiert. Der niedrige Insulinspiegel an einem ganzen Tag ohne Kohlenhydrate bedeutet nicht nur eine Atempause für die oft geplagte Bauchspeicheldrüse, er versetzt den gesamten Organismus in eine Art »Wartungsmodus« und trägt damit zu einer verbesserten Zellerneuerung bei. Klar, dass wir Ihnen für einen Fastentag keine Kochrezepte anbieten können. Eine proteinreiche letzte Mahlzeit vor den 24 Stunden ohne feste Nahrung könnte Sie aber interessieren. Sie finden Beispiele dafür unter den Rezepten für die Abendmahlzeiten. Auch dazu können Sie zur lang anhaltenden Sättigung noch eine Beilage (ab Seite 144) essen.

Rezepte

Frühstück

Selbstverständlich können Sie Ihr gewohntes Frühstück zu sich nehmen. Wir haben aber hier für die Intervallmodelle 16:8 (und damit auch 12:12, 14:10) einige Ideen mit dem Thermomix® ausprobiert, die Sie – wenn Sie zum Beispiel das Mittagessen auslassen wollen – lang anhaltend satt machen, weil genügend komplexe Kohlenhydrate und Proteine enthalten sind. Wer es gerne fruchtig-süß mag, findet hier Porridge mit Haferflocken oder Pseudogetreiden. Erfrischend und gesund sind – ganz aktuell – die Smoothie-Bowls. Die Smoothies zum Löffeln sind dickflüssiger und gehaltvoller. Wer will, kann beides auch in gut verschließbaren Gefäßen für ein spätes Frühstück mitnehmen.
Für diejenigen, die nach dem 5:2-Modell (oder 6:1) vorgehen, gibt es ebenfalls Rezepte, die 500 bzw. 600 kcal enthalten und einen hohen Sättigungswert aufweisen.

PORRIDGE UND MÜSLI

Haferporridge mit Apfel und Zimt

16:8

Für 2 Portionen • Pro Portion mit Milch: 648 kcal, 19 g E, 20 g F, 97 g KH •
Pro Portion mit Sojadrink: 592 kcal, 19 g E, 17 g F, 90 g KH

500 ml Milch oder Sojadrink für Veganer
130 g feine oder grobe Haferflocken
1 Sternanis (optional)
1 Banane
15 g Butter (Kokosöl für Veganer)
1–2 EL Holunderblütensirup
2 Äpfel
Zimt zum Bestreuen

1. Milch, Haferflocken und Sternanis in den Mixtopf geben und offen **15 Minuten/ 90 °C/Rührstufe** linksdrehend kochen. Anschließend den Sternanis entfernen.
2. Die Banane schälen, in Stücke schneiden und zusammen mit der Butter in den Mixtopf geben und **20 Sekunden/Stufe 2** einrühren. Porridge mit dem Sirup abschmecken.
3. Die Äpfel schälen, Kerngehäuse entfernen und das Fruchtfleisch in Spalten schneiden. Den Porridge auf 2 Schalten verteilen, mit den Apfelspalten belegen und mit Zimt bestreut servieren.

TIPP: **Wenn Sie den Porridge zu einem späten Frühstück essen wollen, können Sie ihn gut mitnehmen. Die Äpfel dann aber erst später darauflegen. Sie können auch die doppelte Menge (etwas längere Kochzeit!) zubereiten, denn er lässt sich gut einfrieren.**

INFO: **Porridge ist nicht nur das neue Frühstücksmüsli. In seiner schottischen Heimat kam der sättigende Brei zu allen Mahlzeiten auf den Tisch. Uns Intervallfastern schmeckt er sicher auch als Mittagsmahlzeit.**

Aprikosen-Kokos-Porridge

5:2

Für 2 Portionen • Pro Portion mit Milch: 501 kcal, 16 g E, 32 g F, 36 g KH • Pro Portion mit Sojadrink: 473 kcal, 16 g E, 31 g F, 32 g KH

Männer: + 20 g Mandeln pro Portion

50 g ungeschälte ganze Mandeln
60 g Haferflocken
40 g Kokosraspel
250 ml Milch oder Sojadrink für Veganer
1 Prise Salz
200 g reife Aprikosen
Süßstoff nach Belieben

1. Die Mandeln in den Mixtopf geben und **5 Sekunden/Stufe 8** zerkleinern. Dann in eine Schüssel umfüllen. Mixtopf nicht spülen.
2. Die Haferflocken und die Kokosraspel mit der Milch und dem Salz in den Mixtopf geben und **12 Minuten/90 °C/Rührstufe** linksdrehend garen.
3. In der Zwischenzeit die Aprikosen waschen, trocken tupfen, entkernen und in Würfel schneiden.
4. Den Porridge in 2 Schüsseln füllen, nach Belieben süßen und die Aprikosenwürfel obenauf setzen. Mit den Mandeln bestreut servieren.

Beerenporridge mit Joghurt

Für 2 Portionen • Pro Portion mit Milch: 500 kcal, 18 g E, 129 g F, 41 g KH • Pro Portion mit Sojadrink: 443 kcal, 18 g E, 26 g F, 33 g KH

Männer: + 15 g Walnüsse pro Portion

50 g Macadamianüsse
50 g Walnusshälften
70 g feine oder grobe Haferflocken
250 ml Milch oder Sojadrink für Veganer
1 Prise Salz
200 g frische Beeren
200 g Joghurt oder Soja-Joghurtalternative für Veganer
Süßstoff nach Belieben
Minzeblätter (optional)

1. Macadamia- und Walnüsse in den Mixtopf geben und **5 Sekunden/Stufe 8** zerkleinern. Dann in eine Schüssel umfüllen. Mixtopf nicht spülen.
2. Die Haferflocken mit der Milch und dem Salz in den Mixtopf geben und **12 Minuten/90 °C/Rührstufe** linksdrehend garen.
3. In der Zwischenzeit die Beeren waschen, entstielen und gut abtropfen lassen.
4. Joghurt, Nüsse und die Hälfte der Beeren in den Mixtopf geben und **5 Sekunden/Stufe 3** unterrühren. Porridge auf 2 Schüsseln verteilen und nach Wunsch süßen. Mit den restlichen Beeren und nach Belieben mit Minzeblättern bestreuen und servieren.

TIPP: **Statt der klassischen Haferflocken können Sie – besonders bei Problemen mit Gluten – auch Reis-, Hirse- oder Quinoaflocken verwenden.**

Quinoaporridge mit Trauben und Beeren

5:2

Für 4 Portionen • Pro Portion mit Milch: 499 kcal, 14 g E, 28 g F, 46 g KH •
Pro Portion mit Sojadrink: 480 kcal, 14 g E, 27 g F, 44 g KH
Männer: + 20 g Mandeln pro Portion

80 g ungeschälte ganze Mandeln
150 g helle Quinoa
75 g Kokosraspel
1 Prise Salz
350 ml Milch oder Sojadrink für Veganer
1–2 EL Honig oder
20–30 g Birkenzucker für Veganer
2 Äpfel
150 g Trauben
100 g Beeren nach Belieben

1. Die Mandeln in den Mixtopf geben und **2 Sekunden/Stufe 7** grob zerkleinern. Dann in eine Schüssel umfüllen. Mixtopf nicht spülen.
2. Die Quinoa in ein Sieb geben, kalt abbrausen und zusammen mit den Kokosraspeln, dem Salz und der Milch in den Mixtopf geben. **15 Minuten/90 °C/Stufe 0,5** quellen lassen, bis alle Flüssigkeit aufgesogen ist. Porridge mit Honig abschmecken und auf 4 Schalen verteilen. Mit den Mandeln bestreuen.
3. Die Äpfel waschen, Kerngehäuse entfernen, Fruchtfleisch nach Belieben in Spalten oder Würfel schneiden und darauflegen. Trauben und Beeren waschen, von den Stängeln zupfen und auf dem lauwarmen oder kalten Porridge verteilen.

Bananen-Kokos-Porridge mit Beeren

Für 4 Portionen • Pro Portion: 503 kcal, 12 g E, 26 g F, 48 g KH

Männer: + 1 kleine Banane pro Portion

400 ml Kokosmilch
400 ml Wasser
1 gestrichener TL Salz
80 g feine oder grobe Haferflocken
80 g Kokosmehl
40 g Mandelblättchen
200 g Heidelbeeren oder andere Beeren nach Belieben
4 Bananen (ca. 500 g geschält)

1. Kokosmilch, Wasser und Salz in den Mixtopf geben und in **7–8 Minuten/100 °C/Rührstufe** zum Kochen bringen.
2. Haferflocken und Kokosmehl dazugeben und **5 Minuten/90 °C/Stufe 2** kochen lassen. Anschließend im Mixtopf quellen und etwas auskühlen lassen.
3. Nach Belieben die Mandelblättchen in einer beschichteten Pfanne ohne Fett rösten. Die Beeren verlesen, kurz abbrausen und gut abtropfen lassen.
4. Vor dem Servieren die Bananen schälen. 2 Bananen zum Belegen in Scheiben schneiden, die beiden anderen grob zerschneiden, in den Mixtopf geben und **15 Sekunden/Stufe 4** unterrühren.
5. Den Porridge auf 4 Schüsseln verteilen, mit den Bananenscheiben belegen und mit Beeren und Mandelblättchen bestreut servieren.

Gebackene Haferflocken

Für 4 Portionen • Pro Portion: 498 kcal, 12 g E, 20 g F, 68 g KH

Männer: + 15 g Walnusshälften pro Portion

70 g Walnusshälften
2 Äpfel
Saft ½ Zitrone
250 g Haferflocken
½ TL Salz
500 ml Wasser
200 g Beeren nach Belieben
20 g Butter oder Kokosöl für Veganer
4 EL Honig oder 80 g Birkenzucker für Veganer

1. Die Walnusshälften in den Mixtopf geben und mit aufgesetztem Messbecher **4 Sekunden/Stufe 8** zerkleinern. In eine mittelgroße Schüssel umfüllen. Mixtopf nicht spülen. Den Backofen auf 180 °C Ober-/Unterhitze (Umluft 160 °C) vorheizen.
2. Die Äpfel waschen oder schälen, achteln, Kerngehäuse entfernen und Fruchtfleisch in den Mixtopf geben und **5 Sekunden/Stufe 4** zerkleinern. Zu den Nüssen geben und mit Zitronensaft beträufeln.
3. Die Haferflocken in den Mixtopf füllen, Salz und Wasser dazugeben und **12 Minuten/100 °C/Stufe 1,5** linksdrehend kochen.
4. In der Zwischenzeit die Beeren waschen, verlesen, entstielen und gut abtropfen lassen. Eine ofenfeste Form oder Backform (ca. 20 cm Durchmesser) mit Butter einfetten.
5. Äpfel, Nüsse und Beeren zu den Haferflocken geben und **4 Sekunden/Stufe 4** linksdrehend untermischen.
6. Die Masse in die Form füllen, mit Honig beträufeln und 20–25 Minuten im Backofen knusprig backen. Heiß oder abgekühlt servieren.

TIPP: **Wenn Sie im 16:8-Modus mit dieser Frühstücksmahlzeit bis zum Abendessen durchhalten wollen, können Sie zu den heißen Haferflocken kalten Joghurt oder cremigen Tofu mit weiteren Beeren essen.**

Knuspermüsli

5:2 16:8

Für 15 Portionen à ca. 65 g • Pro Portion: 239 kcal, 7 g E, 12 g F, 28 g KH

100 g ungeschälte ganze Mandeln
2 EL Raps- oder Kokosöl
400 g feine Haferflocken
200 g Haferkleie
100 g Sonnenblumenkerne
40 g Kokosflocken oder -chips
1 TL Zimt
2 EL Honig oder 40 g Birkenzucker für Veganer
100 g Rosinen oder Trockenfrüchte nach Wahl

1. Den Backofen auf 160 °C Ober-/Unterhitze (Umluft 140 °C) vorheizen. Die Mandeln in den Mixtopf geben und **8 Sekunden/Stufe 7** reiben. In eine Schüssel umfüllen. Mixtopf nicht säubern.
2. Das Öl in den Mixtopf geben und **30 Sekunden/120 °C/Rührstufe** erwärmen. Haferflocken und Haferkleie dazugeben und **5 Minuten/100 °C/Stufe 2** anrösten.
3. Sonnenblumenkerne, Kokosflocken, Mandeln, Zimt und Honig dazugeben und **20 Sekunden/Stufe 2,5** linksdrehend vermischen.
4. Mischung auf einem Backblech ausbreiten und 20 Minuten auf der mittleren Schiene knusprig backen. Dabei zwischendurch 2–3 Mal umrühren.
5. Mischung auskühlen lassen, Rosinen untermischen und in einer gut verschließbaren Dose aufbewahren. Hält sich etwa 5–6 Wochen.

INFO: Wenn Sie pro Portion 100 g Joghurt (insgesamt 507 kcal) oder 100 ml Milch (insgesamt 502 kcal) untermischen, enthält Ihre Portion 17 g Eiweiß, was Sie für längere Zeit sehr satt macht. (Männer: + 10 g Mandeln, um auf ca. 600 kcal zu kommen.)

TIPP: Die möglichen Variationen sind endlos. Sie können Dinkel- oder Roggenflocken verwenden, bei Glutenunverträglichkeit auch Flocken von Buchweizen oder Quinoa. Und Sie können allerlei Nüsse oder Kerne dazugeben.

SMOOTHIE-BOWLS

Mango-Smoothie-Bowl mit Kokos

16:8

Für 4 Portionen • Pro Portion mit Joghurt: 249 kcal, 6 g E, 12 g F, 28 g KH • Pro Portion mit Sojaalternative: 243 kcal, 6 g E, 11 g F, 27 g KH

50 g frische Kokosnuss
1 kleine reife Mango
2 Kiwis
1 Banane
1 Orange
125 g Joghurt oder Soja-Joghurtalternative für Veganer
50 ml Kokosmilch
4 EL zuckerfreie Nussmüslimischung
(oder Knuspermüsli von Seite 38)
4 TL Chiasamen

1. Das Fruchtfleisch der Kokosnuss aus der Schale lösen, in den Mixtopf geben und mit aufgesetztem Messbecher **4 Sekunden/Stufe 6** zerkleinern. In eine Schüssel umfüllen und beiseitestellen. Mixtopf nicht säubern. (Alternativ die Kokosnuss von Hand mit einem scharfen Messer in dünne Scheiben schneiden.)
2. Die Mango schälen und das Fruchtfleisch rund um den harten Kern abschneiden. Kiwis und Banane schälen und grob zerschneiden. Nach Belieben einige Fruchtstücke würfeln und zum Garnieren beiseitestellen. Die Orange auspressen.
3. Früchte mit Orangensaft, Joghurt und Kokosmilch in den Mixtopf geben und **20 Sekunden/Stufe 6** pürieren.
4. Smoothie auf 4 Schalen verteilen und mit den Früchtewürfeln, Müsli, Chiasamen und Kokosnuss bestreuen.

INFO: **Frische Kokosnuss gibt es in den meisten Supermärkten in der Obstabteilung. Alternativ können Sie auch Kokosraspel oder Kokoschips verwenden.**

Schokobowl mit Bananen

5:2

Für 4 Portionen • Pro Portion: 503 kcal, 11 g E, 23 g F, 60 g KH

Männer: + 1 Banane pro Portion

je 20 g ungeschälte ganze Haselnüsse und Mandeln
80 g Buchweizen
800 ml Mandel- oder Kokosdrink
1 Prise Salz
20 g Kakaopulver
60 g vegane Zartbitterschokolade
4 Bananen (500 g geschält)
4 TL Kokosflocken
4 TL Chiasamen
vegane Schoko-Nibs oder -raspel nach Belieben

1. Haselnüsse und Mandeln in den Mixtopf geben und mit aufgesetztem Messbecher **2 Sekunden/Stufe 6** grob zerkleinern. In eine Schüssel umfüllen. Den Mixtopf nicht säubern.
2. Buchweizen in den Mixtopf geben und **7 Sekunden/Stufe 9** (Messbecher!) zerkleinern.
3. Mandeldrink, Salz, Kakaopulver und Schokolade in Stücken dazugeben und in **8–9 Minuten/100 °C/Stufe 1,5** zum Kochen bringen. Anschließend **8 Minuten/60 °C/Rührstufe** quellen lassen.
4. In der Zwischenzeit die Bananen schälen. 2 Bananen in Scheiben schneiden und beiseitelegen. Die restlichen Bananen grob zerkleinern, in den Mixtopf geben und das Ganze mit aufgesetztem Messbecher **10 Sekunden/Stufe 6** verrühren.
5. Den Brei auf 4 Schüsseln oder tiefe Teller verteilen und mit den Bananenscheiben belegen. Die zerkleinerten Mandeln und Haselnüsse darauf verteilen und Bowls mit Kokosflocken, Chiasamen und – nach Belieben – Schoko-Nibs bestreut servieren.

Amaranthporridge mit Erdbeeren und Kürbiskernen

16:8

Für 4 Portionen • Pro Portion: 336 kcal, 13 g E, 12 g F, 43 g KH

150 g Amaranth
400 ml naturtrüber Apfelsaft
1 Prise Salz
400 g frische Erdbeeren
75 g Kürbiskerne

1. Amaranth in ein Sieb geben, heiß abbrausen und gut abtropfen lassen.
2. Zusammen mit Apfelsaft und Salz in den Mixtopf geben und in **6–7 Minuten/100 °C/Stufe 1** mit Messbecher zugedeckt zum Kochen bringen. Anschließend **15–20 Minuten/80 °C/Stufe 1** köcheln lassen, bis nahezu alle Flüssigkeit aufgesogen ist.
3. Porridge auf 4 kleine Schüsseln verteilen und ausdampfen lassen.
4. In der Zwischenzeit die Erdbeeren waschen, entstielen und vierteln. Die Kürbiskerne in einer beschichteten Pfanne ohne Fett rösten.
5. Erdbeeren und Kürbiskerne auf dem Porridge verteilen und dieses lauwarm oder kalt genießen.

INFO: **So wie Popcorn und Puffreis werden auch die Pseudogetreide Amaranth, Quinoa oder Buchweizen »gepufft« angeboten. Die knackigen Kügelchen eignen sich gut zum zusätzlichen Bestreuen.**

Granatapfel-Beeren-Bowl mit Haferflocken

16:8

Für 4 Portionen • Pro Portion: 415 kcal, 12 g E, 19 g F, 45 g KH

500 ml Milch
100 g Haferflocken
1 Prise Salz
2 Granatäpfel
1 Banane
200 g Erdbeeren
250 g griechischer Joghurt (10 % Fett)
125 g Beeren nach Belieben
40 g Kokosflocken

1. Milch, Haferflocken und Salz in den Mixtopf geben und **14 Minuten/100 °C/Stufe 1,5** linksdrehend kochen.
2. In der Zwischenzeit die Granatäpfel entkernen. Dazu quer halbieren, mit der Öffnung nach unten über eine Schüssel halten und zuerst mit der schmalen, dann mit der flachen Seite des Kochlöffels fest auf die Schale klopfen – so fallen die Kerne heraus. Mit herausgefallene Trennhäutchen entfernen. Etwa 2 EL Kerne zum Bestreuen beiseitelegen.
3. Restliche Granatapfelkerne zu den Haferflocken in den Mixtopf geben. Die Banane schälen und grob zerschneiden. Die Erdbeeren waschen und putzen. Beides in den Mixtopf geben und das Ganze mit aufgesetztem Messbecher **20–30 Sekunden/Stufe 7** pürieren.
4. Smoothie auf 4 Schüsseln oder Suppenteller verteilen und den Joghurt mit einem Löffel unterziehen.
5. Beeren waschen, verlesen und zusammen mit den restlichen Granatapfelkernen daraufgeben. Bowls mit den Kokosflocken bestreut servieren.

Kiwi-Erdbeer-Bowl

16:8

Für 4 Portionen • Pro Portion: 397 kcal, 17 g E, 18 g F, 37 g KH

125 g Stachelbeeren
4 Kiwis
75 g junger Spinat
2 Stängel frische Minze
1 Banane
200 ml Milch
500 g Quark
200 g Erdbeeren
60 g Zartbitterschokolade
40 g Sesamsaat

1. Die Stachelbeeren waschen. Stiele und Blütenansätze entfernen. Einige Exemplare zum Garnieren beiseitelegen. Die Kiwis schälen, längs vierteln und die Mittelrippen entfernen. Spinat waschen, verlesen und abtropfen lassen. Minze waschen und trocken schütteln. Die Banane schälen und grob zerschneiden.
2. Die vorbereiteten Zutaten mit der Milch in den Mixtopf geben und mit aufgesetztem Messbecher **30 Sekunden/Stufe 7** pürieren. Mit dem Spatel nach unten schieben. Den Quark dazugeben und **10 Minuten/Stufe 6** unterrühren. Smoothie auf 4 Schüsseln oder Suppenteller verteilen.
3. Die Erdbeeren waschen, putzen und in Scheiben schneiden oder vierteln. Die Schokolade hacken. Erdbeeren auf den Bowls verteilen und diese mit Schokolade und Sesamsaat bestreut servieren.

Avocado-Spinat-Bowl

Für 4 Portionen • Pro Portion mit Buttermilch: 500 kcal, 15 g E, 35 g F, 32 g KH • Pro Portion mit Sojadrink: 498 kcal, 14 g E, 37 g F, 27 g KH

Männer: + 15 g Walnusshälften pro Portion

2 Bananen
80 g Walnusshälften
2 Avocados
75 g junger Spinat
½ Zitrone
750 ml Buttermilch oder Sojadrink für Veganer
1 EL Walnuss- oder Rapsöl
40 g Chiasamen

1. Die Bananen schälen, in Stücke schneiden und auf einem flachen, gefrierfesten Teller ausgebreitet im Tiefkühler 20–30 Minuten etwas anfrieren lassen.
2. In der Zwischenzeit die Walnusshälften in den Mixtopf geben und mit aufgesetztem Messbecher **3 Sekunden/Stufe 7** grob hacken. Herausnehmen und in einer beschichteten Pfanne ohne Fett goldgelb rösten, dann beiseitestellen. Den Mixtopf nicht spülen.
3. Die Avocados halbieren, den Kern entfernen und das Fruchtfleisch aus der Schale lösen. Den Spinat waschen, gut abtropfen lassen und verlesen. Die Zitronenhälfte auspressen.
4. Buttermilch, Avocado, Spinat, Walnussöl, Zitronensaft und Bananenstücke in den Mixtopf geben und mit aufgesetztem Messbecher **30 Sekunden/Stufe 7** pürieren.
5. Auf 4 Schalen oder Suppenteller verteilen und mit Walnüssen und Chiasamen bestreut servieren.

EIERGERICHTE

Eiergerichte enthalten naturgemäß viel Eiweiß und sind somit ideal für alle Intervallfastengerichte, da sie lang anhaltend sättigen. Dass Eier den Cholesterinspiegel in die Höhe treiben, ist falsch. Das haben Wissenschaftler mehrfach dargelegt. Im Gegenteil: Eier sind eines der gesündesten Lebensmittel überhaupt! Vor allem zeichnen sie sich durch hochwertige Proteine aus, die vom menschlichen Organismus besonders gut verwertet werden. Daneben eine ganze Menge Vitamine (auch das in der Nahrung seltene Vitamin D, das »Knochenvitamin«!) und Mineralstoffe. All das, was ein Küken für seine Entwicklung braucht, kann auch für unsere Ernährung von Vorteil sein. Das soll allerdings kein Freibrief sein, Eier in riesigen Mengen zu verputzen – das würde unsere Ernährung wiederum zu einseitig machen.

Wir haben hier gleich zu Anfang des Kapitels ein Rezept für ein Omelett für 1 Portion vorbereitet. Nach diesem Schema können Sie Omeletts nach Lust und Laune variieren: den Gemüseanteil erhöhen oder vor allem je nach Saison anderes frisches Gemüse verwenden.

Eierküchlein mit Spinat und Schafskäse

16:8 Protein

Für 4 Portionen (3 Stück pro Portion) • Pro Portion: 380 kcal, 25 g E, 27 g F, 9 g KH

1 kleine Zwiebel
1–2 Knoblauchzehen
2 EL Rapsöl
400 g frischer Blattspinat oder 350 g TK-Blattspinat
4 Stängel Basilikum
20 g Buchweizenmehl
100 g Quark
8 Eier, Größe M
Salz, Pfeffer
frisch geriebene Muskatnuss
150 g Schafskäse
500 ml Wasser

1. Die Zwiebel abziehen und vierteln. Die Knoblauchzehen schälen. Beides mit dem Öl in den Mixtopf geben und mit aufgesetztem Messbecher **3 Sekunden/Stufe 5** zerkleinern. Mit dem Spatel nach unten schieben und **3 Minuten/120 °C/Stufe 1,5** andünsten.
2. In der Zwischenzeit den Spinat waschen, verlesen und gut abtropfen lassen. (Aufgetauten TK-Spinat ausdrücken.) Das Basilikum waschen, trocken schütteln und die Blätter von den Stängeln zupfen.
3. Spinat und Basilikum zu den Zwiebeln in den Mixtopf geben und **5 Minuten/100 °C/Stufe 2,5** linksdrehend andünsten.
4. Buchweizenmehl, Quark, Eier, Salz, Pfeffer und Muskatnuss dazugeben und **10 Sekunden/Stufe 3** vermischen. Masse in 12 Muffinförmchen aus Papier füllen. Diese dicht an dicht in den Einlegeboden des Varoma stellen.
5. Schafskäse in Würfel schneiden und gleichmäßig auf die Förmchen verteilen. Den Mixtopf spülen, das Wasser einfüllen, Varoma mit Einlegeboden aufsetzen und die Küchlein **18–20 Minuten/Varoma/Rührstufe** stocken lassen.

Omelett mit Brokkoli

5:2 Protein

Für 1 Portion • Pro Portion: 496 kcal, 28 g E, 36 g F, 15 g KH

Männer: + 1 Ei pro Portion

150 g Brokkoli
500 ml Wasser
Salz
100 g Rispentomaten
2 Stängel glatte Petersilie
2 Eier, Größe M
75 g Quark oder Frischkäse
50 ml Milch
2 EL Mineralwasser mit Kohlensäure
Pfeffer
25 g Butter

1. Brokkoli putzen, waschen und in Röschen teilen. Die Stängel – wenn nötig – dünn abschälen und in Scheiben schneiden. Röschen und Scheiben in das Garkörbchen geben.
2. Wasser mit 1 Prise Salz in den Mixtopf geben, Garkörbchen einhängen und Brokkoli **20 Minuten/Varoma/Rührstufe** dämpfen.
3. In der Zwischenzeit die Tomaten waschen, gut abtropfen lassen und in Spalten schneiden. Die Petersilie waschen, mit Küchenkrepp trocken tupfen, die Blätter von den Stängeln zupfen und grob hacken.
4. Garkörbchen beiseitestellen, Mixtopf ausleeren und abtrocknen. Eier, Quark, Milch, Mineralwasser, etwas Salz und Pfeffer in den Mixtopf geben und **10 Sekunden/Stufe 3** gut vermischen.
5. Die Butter in einer beschichteten Pfanne bei milder Hitze schmelzen, die Eiermasse hineingießen und Brokkoli und Tomaten obenauf geben. Omelett 6–8 Minuten auf kleiner Flamme stocken lassen, auf einen (am besten vorgewärmten) Teller gleiten lassen und mit Petersilie bestreut servieren.

TIPP: Sie können Ihr Omelett wie gewohnt in einer beschichteten Pfanne in Butter stocken lassen, Sie können es in die gefetteten Vertiefungen einer Muffinform füllen und im Backofen backen, oder Sie können es im Varoma zubereiten. Dafür Backpapier für den Einlegeboden so zuschneiden, dass es am Rand etwas höher ist, jedoch die Schlitze zur Dampfzirkulation noch frei bleiben. Backpapier anfeuchten, die Eiermasse darauf verteilen und **18–20 Minuten/Varoma/Rührstufe** stocken lassen. Im Internet finden Sie auch fertig zugeschnittenes, ungebleichtes Dampfgarpapier, das mehrmals verwendet werden kann.

Frittata mit Spargel und Erbsen

5:2 Protein

Für 4 Portionen • Pro Portion: 500 kcal, 33 g E, 28 g F, 29 g KH

Männer: + 75 g Frischkäse pro Portion

100 g Parmesan oder Grana Padano
1 l Wasser
Salz
75 g Basmatireis
300 g grüner Spargel
300 g frische Erbsen in Schoten
4 Lauchzwiebeln
1 Knoblauchzehe
4 Stängel glatte Petersilie
2 EL Olivenöl
75 ml Milch
8 Eier, Größe M
100 g Frischkäse
Pfeffer

1. Den Parmesan in Stücke brechen, in den Mixtopf geben und mit aufgesetztem Messbecher **8 Sekunden/Stufe 10** reiben. In eine Schüssel umfüllen. Den Mixtopf nicht spülen.
2. Wasser, 1 Prise Salz und gewaschenen Reis in den Mixtopf geben und **15 Minuten/100 °C/Rührstufe** kochen. Den Backofen auf 180 °C Ober-/Unterhitze (Umluft 160 °C) vorheizen.
3. In der Zwischenzeit den Spargel waschen und im unteren Drittel schälen. Die Stangen in ca. 6 cm lange Stücke schneiden. Die Erbsen palen. Die Lauchzwiebeln putzen, waschen und grob zerschneiden. Die Knoblauchzehe schälen. Petersilie waschen, mit Küchenkrepp trocken tupfen und die Blätter von den Stängeln zupfen.
4. Erbsen durch die Deckelöffnung ins kochende Wasser zum Reis geben und weitere **4 Minuten/100 °C/Stufe 1** kochen. Die Spargelstücke dazugeben und das Ganze noch mal **4 Minuten/100 °C/Stufe 1** kochen. Gemüse und Reis durch ein Sieb (oder das Garkörbchen) abgießen, kalt abschrecken und gut abtropfen lassen. Den Mixtopf abtrocknen.
5. Lauchzwiebeln, Knoblauch, Petersilie und 1 EL Olivenöl in den Mixtopf geben und mit aufgesetztem Messbecher **3 Sekunden/Stufe 5** zerkleinern. Mit dem Spatel nach unten schieben und den Vorgang wiederholen. Anschließend **4 Minuten/120 °C/Stufe 1,5** andünsten.
6. Milch, Eier, Parmesan, Frischkäse, etwas Salz und Pfeffer dazugeben und **10 Sekunden/Stufe 3** verrühren.
7. Eine Auflauf- oder Quicheform mit dem restlichen Öl einfetten, die Eiermasse hineingießen und Erbsen, Spargel und Reis unterheben.
8. Frittata im vorgeheizten Backofen 15–18 Minuten stocken lassen. Gleich in der Form servieren oder auf einen großen Teller stürzen und in Portionen schneiden.

TIPP: **Versuchen Sie mal Hartkäse aus Ziegenmilch statt Parmesan. Er wird sehr oft in Bio-Qualität angeboten und ist vor allem für Menschen mit Laktoseintoleranz besser verträglich.**

Schinken-Eier-Muffins mit Paprika

5:2 Protein

Für 4 Portionen (3 Stück pro Portion) • Pro Portion: 500 kcal, 29 g E, 35 g F, 18 g KH

Männer: + 1 Glas Milch (150 ml) pro Portion

120 g alter Gouda
1 kleine Zwiebel
1 rote Paprikaschote
100 g gekochter Schinken
200 g Quark
75 ml Milch
50 ml Olivenöl + etwas für die Form
6 Eier, Größe M
50 g Mehl (Type 550)
½ Päckchen Backpulver
Salz, Pfeffer
2 EL Schnittlauch in Röllchen (optional)

1. Den Backofen auf 180 °C Ober-/Unterhitze (Umluft 160 °C) vorheizen. Gouda grob in Stücke schneiden, in den Mixtopf geben und mit aufgesetztem Messbecher **8 Sekunden/Stufe 8** reiben. In eine Schüssel umfüllen. Mixtopf nicht spülen.
2. Zwiebel abziehen und vierteln. Die Paprikaschote waschen, putzen und grob zerschneiden. Den Schinken würfeln.
3. Zwiebel und Paprika in den Mixtopf geben und **5 Sekunden/Stufe 5** (Messbecher!) zerkleinern. Schinken, Quark, Milch, Olivenöl, Eier, Mehl, Backpulver, Salz, Pfeffer und die Hälfte vom geriebenen Gouda dazugeben und **10 Sekunden/Stufe 3** gut vermischen.
4. Muffinförmchen oder ein Muffinblech mit Öl dünn einfetten, die Masse darin verteilen und mit dem restlichen Käse bestreuen. Muffins im Backofen in 18–20 Minuten goldgelb backen. Heiß, lauwarm oder kalt und nach Belieben mit Schnittlauch bestreut servieren.

TIPP: Die Muffins, die Sie auch mit anderem Gemüse oder anderen Käsesorten (zum Beispiel Bergkäse oder Gruyère) zubereiten können, eignen sich kalt sehr gut zum Mitnehmen.

Zucchinifritters mit Kräuterjoghurt

16:8

Für 4 Portionen (je 2 Stück) • Pro Portion: 285 kcal, 13 g E, 14 g F, 27 g KH

500 g Zucchini
1 Bund Lauchzwiebeln
2 Knoblauchzehen
4 Stängel Petersilie
2 EL Rapsöl
je ½ TL gemahlener Kreuzkümmel und Kurkuma
100 g Vollkornbrösel
4 Eier, Größe M
Salz, Pfeffer
100 g Joghurt
30 g gehackte frische Kräuter nach Belieben

1. Den Backofen auf 200 °C Ober-/Unterhitze (Umluft 180 °C) vorheizen. Die Zucchini waschen, putzen und grob zerschneiden. In den Mixtopf geben, Messbecher aufsetzen und Zucchini **5 Sekunden/Stufe 5** zerkleinern. In eine Schüssel umfüllen.
2. Die Lauchzwiebeln putzen, waschen und mit viel dunklem Grün grob zerschneiden. Die Knoblauchzehen schälen. Die Petersilie waschen, trocken schütteln und die Blätter von den Stängeln zupfen.
3. Lauchzwiebeln, Knoblauch und Petersilie in den Mixtopf geben, den Messbecher aufsetzen und alles **5 Sekunden/Stufe 5** zerkleinern. Mit dem Spatel nach unten schieben, 1 EL Öl dazugeben und **3 Minuten/120 °C/Stufe 1,5** andünsten.
4. Zucchini gut ausdrücken und mit Kreuzkümmel, Kurkuma, Bröseln, Eiern, Salz und Pfeffer in den Mixtopf geben und **5 Sekunden/Stufe 3** verrühren. Masse in eine Schüssel umfüllen.
5. Ein Backblech mit dem restlichen Öl bestreichen. Mit feuchten Händen aus dem Teig 8 flache Küchlein formen, diese nebeneinander auf das Blech legen und im vorgeheizten Backofen in 20 Minuten goldgelb backen. Nach der Hälfte der Backzeit einmal wenden.
6. Joghurt in einer Schüssel mit etwas Salz und Kräutern verrühren. Die Fritters auf 4 Teller verteilen und jeweils 1 Klecks Kräuterjoghurt daraufsetzen.

Hüttenkäsepancakes

5:2

Für 2 Portionen • Pro Portion: 496 kcal, 28 g E, 24 g F, 43 g KH
Männer: + 50 g saure Sahne pro Portion

1 Banane
80 g Haferflocken
200 g Hüttenkäse
1 TL Backpulver
3 Eier, Größe M
30 ml Milch
20 g Butter oder Öl

1. Die Banane schälen und grob zerschneiden.
2. Banane und Haferflocken in den Mixtopf geben und mit aufgesetztem Messbecher **5 Sekunden/Stufe 5** zerkleinern. Mit dem Spatel nach unten schieben.
3. Hüttenkäse, Backpulver, Eier und Milch dazugeben und **10 Sekunden/Stufe 3** gut vermischen. Masse in eine Schüssel umfüllen und 10 Minuten quellen lassen. Eventuell mit etwas Wasser oder Milch verdünnen – es soll ein zähflüssiger Teig sein.
4. 10 g Butter in einer mittelgroßen beschichteten Pfanne bei milder Hitze schmelzen. Die Hälfte des Teigs mit einer kleinen Kelle in 3 Portionen in die Pfanne setzen. Pancakes nach 3–4 Minuten wenden und in 2 Minuten fertig backen. Die Pfanne mit Küchenkrepp auswischen und mit dem restlichen Teig ebenso verfahren.

TIPP: **Nach Belieben schmecken dazu frische Früchte, die Sie auch mit einbacken können. Einfach Früchte auf die Pancakes geben, sobald der Teig in der Pfanne ist.**

Gemüsekuchen mit Schinken

16:8 Protein

Für 4 Portionen • Pro Portion: 576 kcal, 35 g E, 36 g F, 28 g KH

150 g Gouda oder Emmentaler
1 große Zwiebel
3 EL Olivenöl
1 rote Paprikaschote
200 g Fleischtomaten
200 g Brokkoli
150 g Schinkenwürfel
4 Eier, Größe M
Salz, Pfeffer
50 ml Milch
75 g Mehl (Type 405)
75 g Mandel- oder Kokosmehl
½ Päckchen Backpulver
10 g Butter

1. Den Backofen auf 200 °C Ober-/Unterhitze (Umluft 180 °C) vorheizen. Den Käse grob zerschneiden, in den Mixtopf geben und mit aufgesetztem Messbecher **8 Sekunden/Stufe 8** zerkleinern. In eine Schüssel umfüllen und beiseitestellen. Den Mixtopf nicht spülen.
2. Die Zwiebel abziehen und vierteln. Mit 1 EL Olivenöl in den Mixtopf geben und **5 Sekunden/Stufe 5** zerkleinern (Messbecher!). Mit dem Spatel nach unten schieben und Zwiebel **3 Minuten/120 °C/Stufe 1,5** andünsten.
3. In der Zwischenzeit die Paprikaschote waschen, putzen und grob zerschneiden. Die Tomaten waschen, halbieren, Kerne und Stielansätze entfernen. Den Brokkoli putzen, waschen und in Röschen teilen.
4. Gemüse zu den Zwiebeln geben und **4 Sekunden/Stufe 5** zerkleinern. Mit dem Spatel nach unten schieben und alle übrigen Zutaten (außer der Butter) dazugeben, dann alles **30 Sekunden/Knetstufe** zu einem Teig vermischen.
5. Eine Quiche- oder Kuchenform mit Butter einfetten, den Teig hineingeben und im vorgeheizten Backofen in 20–25 Minuten goldgelb backen. Heiß oder lauwarm servieren.

Mittag

SALATE

Linsen-Radicchio-Salat

5:2 Protein

Für 4 Portionen • Pro Portion: 498 kcal, 27 g E, 35 g F, 24 g KH

Männer: + 15 g Walnüsse pro Portion

2 Stauden Radicchio (ca. 250 g)
35 ml Apfelessig
3 EL Olivenöl
2 Schalotten
200 g Tellerlinsen
800 ml Wasser oder Gemüsebrühe
2 Stängel frische Minze
50 g Walnüsse
250 g Schafskäse
Salz, Pfeffer

1. Den Radicchio putzen, waschen und grob hacken. Mit Essig und 2 EL Olivenöl in den Mixtopf geben und mithilfe des Spatels **3 Sekunden/Stufe 4** zerkleinern. In eine Salatschüssel umfüllen. Den Mixtopf nicht spülen.
2. Schalotten abziehen, halbieren und mit dem restlichen Olivenöl in den Mixtopf geben. Messbecher aufsetzen und Schalotten **5 Sekunden/Stufe 5** zerkleinern. Mit dem Spatel nach unten schieben und **3 Minuten/120 °C/Stufe 1,5** andünsten.
3. Die Linsen in ein Sieb geben, kalt abbrausen und mit dem Wasser in den Mixtopf zu den Schalotten geben. **30 Minuten/Varoma/Stufe 1** linksdrehend weich kochen, anschließend durch ein Sieb abgießen, zum Radicchio in die Salatschüssel geben und vermischen.

4. Die Minze waschen und mit Küchenkrepp trocken tupfen. Die Blätter von den Stängeln zupfen und in Streifen schneiden.
5. Die Walnüsse hacken und nach Belieben in einer beschichteten Pfanne ohne Fett goldgelb rösten. Den Schafskäse in Würfel schneiden.
6. Den Linsen-Radicchio-Salat mit Salz und Pfeffer abschmecken und Minze, Walnüsse und Schafskäse locker unterheben. Salat 15 Minuten durchziehen lassen und lauwarm oder abgekühlt genießen.

INFO: **Tellerlinsen sind die bekanntesten und preiswertesten unter den zahlreichen Linsensorten. Einen feineren Geschmack und festeren Biss haben die schwarzen Belugalinsen (Kaviarlinsen) oder grüne Puy-Linsen aus Frankreich. Rote und gelbe Linsen, die wegen ihrer kurzen Kochzeit als Beilagen beliebt sind, eignen sich weniger für Salate, da sie schnell musig werden. Alle Linsen sind wunderbare Eiweißlieferanten.**

Buchweizensalat mit Rosenkohl

5:2

Für 4 Portionen • Pro Portion: 502 kcal, 14 g E, 25 g F, 53 g KH

Männer: + 15 g Walnüsse pro Portion

4 Lauchzwiebeln
1 Knoblauchzehe
1 EL Rapsöl
500 g Rosenkohl
200 g Buchweizen
1 l Wasser oder Gemüsebrühe
3 Stängel glatte Petersilie
80 g Walnusshälften
30 ml weißer Balsamicoessig
2 EL Walnussöl
Salz, Pfeffer
50 g getrocknete Cranberrys

1. Die Lauchzwiebeln putzen, waschen und grob hacken. Den Knoblauch schälen. Beides mit dem Rapsöl in den Mixtopf geben, Messbecher aufsetzen und **5 Sekunden/Stufe 5** zerkleinern. Mit dem Spatel nach unten schieben und **3 Minuten/120 °C/Stufe 1,5** andünsten.
2. Den Rosenkohl putzen und dabei die äußeren Blätter entfernen. Größere Exemplare halbieren. In den Varoma legen.
3. Den Buchweizen in ein Sieb geben, mit heißem Wasser abspülen und abtropfen lassen. Mit dem Wasser oder der Brühe in den Mixtopf geben. Den Varoma aufsetzen und das Ganze **35–40 Minuten/Varoma/Stufe 2** linksdrehend kochen.
4. In der Zwischenzeit die Petersilie waschen und mit Küchenkrepp trocken tupfen. Die Blätter von den Stängeln zupfen und hacken.
5. Die Walnüsse hacken und nach Belieben in einer beschichteten Pfanne ohne Fett goldgelb rösten.
6. In einer Salatschüssel aus Essig, Walnussöl, Salz und Pfeffer mit dem Schneebesen ein cremiges Dressing rühren. Petersilie und Walnüsse dazugeben.
7. Den Varoma abnehmen und den Rosenkohl in einer Schüssel mit dem Dressing vermischen. Den Buchweizen durch ein Sieb abgießen und ebenfalls untermischen. Salat mit Salz und Pfeffer abschmecken und 15 Minuten durchziehen lassen. Dann mit Cranberrys bestreut – lauwarm oder abgekühlt – servieren.

Buchweizensalat mit Roter Bete

16:8

Für 4 Portionen • Pro Portion: 422 kcal, 9 g E, 21 g F, 48 g KH

200 g Buchweizen
1 l Wasser oder Gemüsebrühe
1 rote Zwiebel
2 Stängel glatte Petersilie
4 Stängel Thymian
100 g Champignons
250 g Rote Bete (vorgekocht und vakuumiert)
50 g ganze ungeschälte Haselnüsse
Salz, Pfeffer
50 ml Oliven- oder Sesamöl
50 ml weißer Essig

1. Den Buchweizen in ein Sieb geben, mit heißem Wasser abspülen und abtropfen lassen. Mit dem Wasser oder der Brühe in den Mixtopf geben und **35–40 Minuten/100 °C/Stufe 2** linksdrehend weich kochen. Anschließend durch ein Sieb abgießen und in eine Salatschüssel umfüllen.
2. Die Zwiebel abziehen und vierteln. Petersilie und Thymian waschen, mit Küchenkrepp trocken tupfen und die Blätter von den Stängeln zupfen. Die Champignons putzen und vierteln. Rote Bete vierteln. Die Haselnüsse mit einem scharfen Messer halbieren.
3. Zwiebel, Petersilie, Thymian, Champignons, Rote Bete, Salz, Pfeffer, Öl und Essig in den Mixtopf geben und **5 Sekunden/Stufe 4** zerkleinern.
4. Mischung zum Buchweizen geben, untermischen und Salat 15 Minuten durchziehen lassen. Mit den Haselnüssen bestreuen und lauwarm oder kalt servieren.

Rote-Bete-Rohkost mit Spinat

16:8

Für 4 Portionen • Pro Portion: 198 kcal, 4 g E, 12 g F, 18 g KH

150 g frischer junger Spinat
400 g frische Rote Bete
2 Äpfel
4 Stängel glatte Petersilie
½ Zitrone
30 g ungeschälte ganze Mandeln oder Walnusshälften
30 ml Olivenöl
30 ml weißer Balsamicoessig
Salz, Pfeffer
gemahlener Koriander oder Kümmel nach Belieben

1. Den Spinat waschen, verlesen und gut abtropfen lassen. Die Roten Beten waschen, Stielansätze und Wurzeln entfernen und Knollen grob zerschneiden (am besten ziehen Sie dazu Einmalhandschuhe an, sonst bleiben Ihre Finger noch stundenlang rot). Die Äpfel waschen, vierteln und die Kerngehäuse entfernen. Petersilie waschen, trocken schütteln und die Blätter von den Stängeln zupfen. Die halbe Zitrone auspressen.
2. Zuerst Rote Bete, dann Äpfel, Mandeln und die übrigen Zutaten in den Mixtopf geben und mit aufgesetztem Messbecher **3 Sekunden/Stufe 5** zerkleinern. Nach Belieben mit Koriander oder Kümmel würzen und **1–2 Sekunden/Stufe 5** weiter zerkleinern und vermischen.

TIPP: **Damit der Rohkostsalat auch satt macht, können Sie dazu wahlweise Vollkornbrötchen essen oder ein Stück Tofu und für Nichtvegetarier Fleisch oder Fisch dazu braten.**

Kürbissalat mit Quinoa

16:8

Für 4 Portionen • Pro Portion: 356 kcal, 8 g E, 20 g F, 36 g KH

1 rote Zwiebel
1 Bund Lauchzwiebeln
1 rote Paprikaschote
200 g Möhren
125 g helle Quinoa
500 g Hokkaidokürbis
250 ml Wasser
40 g Pinienkerne
2 Stängel glatte Petersilie
4 EL weißer Essig
3 EL Olivenöl
Salz, Pfeffer

1. Die rote Zwiebel abziehen und vierteln. Die Lauchzwiebeln putzen und waschen. Die weißen Teile grob zerschneiden, das Lauchgrün in Ringe schneiden und beiseitestellen. Die Paprikaschote waschen, putzen und grob zerschneiden. Die Möhren schälen, putzen und ebenfalls klein schneiden.
2. Rote Zwiebel, weiße Teile der Lauchzwiebeln, Paprika und Möhren in den Mixtopf geben und **6 Sekunden/Stufe 5** zerkleinern. Wenn das Gemüse feiner werden soll: Mit dem Spatel nach unten schieben und nochmals **2 Sekunden/Stufe 5** zerkleinern. In eine Schüssel umfüllen. Mixtopf nicht spülen.
3. Die Quinoa in ein Sieb geben und unter fließendem Wasser kalt abbrausen. Die Kürbisschale feucht abreiben, Kerne entfernen und Fruchtfleisch mit der Schale würfeln. In den Varoma legen.
4. Wasser in den Mixtopf füllen, Varoma mit Kürbis aufsetzen und **15 Minuten/Varoma/Rührstufe** dämpfen.
5. Varoma abnehmen und beiseitestellen. Die Quinoa ins heiße Wasser im Mixtopf geben, Varoma wieder aufsetzen und das Ganze **15 Minuten/75 °C/Stufe 1** linksdrehend quellen/dämpfen lassen, bis nahezu alle Flüssigkeit aufgesogen ist.
6. In der Zwischenzeit die Pinienkerne in einer beschichteten Pfanne ohne Fett leicht rösten. Die Petersilie waschen, trocken schütteln und die Blätter von den Stängeln zupfen.
7. Essig, Öl, Salz und Pfeffer in einer großen Schüssel mit dem Schneebesen zu einem Dressing aufschlagen. Über das Gemüse in der Schüssel gießen und vermischen.
8. Kürbis aus dem Varoma und Quinoa aus dem Mixtopf dazugeben und das Ganze 15 Minuten abkühlen und durchziehen lassen. Mit Lauchzwiebelröllchen, Petersilie und Pinienkernen bestreut lauwarm servieren.

Bohnencreme mit Salat

16:8

Für 4 Portionen • Pro Portion: 337 kcal, 14 g E, 21 g F, 22 g KH

2 Knoblauchzehen
1 Dose weiße Bohnen (285 g Abtropfgewicht)
½ Orange
100 g Sesampaste (aus dem Glas)
1 TL gemahlener Kreuzkümmel
2 EL Olivenöl
Salz, Pfeffer
Paprikapulver zum Bestreuen, rosenscharf oder edelsüß
2 Stängel glatte Petersilie
12 Cocktailtomaten
½ Salatgurke
1 Möhre
2 EL Apfelessig

1. Die Knoblauchzehen schälen. Die Bohnen in ein Sieb geben, kalt abbrausen und abtropfen lassen. Die halbe Orange auspressen.
2. Knoblauch, Bohnen, Orangensaft, Sesampaste, Kreuzkümmel und Öl in den Mixtopf geben, Messbecher aufsetzen und alles **1 Minute/Stufe 5–8** ansteigend pürieren.
3. Creme mit Salz und Pfeffer abschmecken und in 4 Schalen füllen. Mit Paprikapulver bestreuen.
4. Für den Salat die Petersilie waschen, trocken schütteln, die Blätter von den Stängeln zupfen und grob hacken. Die Tomaten waschen und achteln. Salatgurke und Möhre schälen, putzen und in Stifte schneiden.
5. Salatzutaten in einer Schüssel mit dem Apfelessig vermischen, mit Salz und Pfeffer abschmecken und auf der Bohnencreme verteilen.

TIPP: Die Bohnencreme können Sie gut auf Vorrat herstellen. Gut verschlossen hält sie sich mindestens 1 Woche im Kühlschrank. Sie ist auch zum Mitnehmen geeignet, einfach in verschließbare Gläser füllen. Den Salat dazu erst kurz vor dem Verzehr zubereiten.

Wenn Sie keine Dosenbohnen verwenden wollen: 125 g getrocknete Bohnen über Nacht in reichlich Wasser einweichen. Wasser abgießen und Bohnen mit 1 ½ l frischem Wasser in den Mixtopf geben. Nach Belieben Bohnenkraut oder Thymian dazugeben und Bohnen in etwa 40 Minuten/100 °C/Stufe 1 linksdrehend weich kochen. Abgießen, Kräuterstängel entfernen und wie ab Punkt 2 beschrieben weiterverarbeiten.

Blumenkohl-Brokkoli-Salat mit Speck

16:8 Protein

Für 4 Portionen • Pro Portion: 415 kcal, 13 g E, 36 g F, 10 g KH

50 g Parmesan
400 g Brokkoli
500 g Blumenkohl
Salz
1 l Wasser
100 g Frühstücksspeck
1 EL Rapsöl
1 Zitrone
3 EL Oliven- oder Leinöl
1 EL Sirup (z. B. Ahornsirup)
1 EL scharfer Senf
Pfeffer
½ TL Zucker
bunter Pfeffer aus der Mühle

1. Den Parmesan in Stücke brechen, in den Mixtopf geben, Messbecher aufsetzen und Käse **10 Sekunden/Stufe 8** reiben. Dann in eine Schüssel umfüllen.
2. Brokkoli und Blumenkohl waschen, putzen und in Röschen teilen. Die Stiele – wo nötig – schälen und grob zerschneiden.
3. Brokkoli- und Blumenkohlstiele in den Mixtopf geben und **6 Sekunden/Stufe 5** zerkleinern. In den Varoma umfüllen. Den Mixtopf nicht spülen.
4. Wasser mit etwas Salz in den Mixtopf füllen. Blumenkohlröschen in das Garkörbchen geben und einhängen. Brokkoliröschen auf das zerkleinerte Gemüse in den Varoma legen. Alles zusammen **25 Minuten/Varoma/Rührstufe** weich dämpfen.
5. In der Zwischenzeit den Frühstücksspeck in einer beschichteten Pfanne im Rapsöl knusprig braten. Auf Küchenkrepp abtropfen lassen.

6. Die Zitrone auspressen. Aus Zitronensaft, Olivenöl, Sirup, Senf, Salz, Pfeffer und Zucker in einer Salatschüssel mit dem Schneebesen ein cremiges Dressing rühren.
7. Blumenkohl und Brokkoli mit dem Dressing vermischen und 15 Minuten ziehen lassen.
8. Salat auf 4 Teller verteilen, den Speck obenauf geben und mit Parmesan und buntem Pfeffer bestreut lauwarm oder abgekühlt servieren.

SUPPEN UND EINTÖPFE

Gurken-Sahne-Suppe mit Mozzarella

5:2 16:8

Für 4 Portionen • Pro Portion: 357 kcal, 10 g E, 29 g F, 14 g KH

2 Scheiben Baguette
2 EL Olivenöl
50 ml Wasser
750 g Salatgurke
3 Lauchzwiebeln
400 ml Brühe
100 ml Sahne
Salz, Pfeffer
weißer Balsamicoessig
½ Chilischote nach Belieben
150 g Mozzarella
4 eingelegte getrocknete Tomaten
1–2 Stängel Basilikum

1. Das Brot zerpflücken und in Olivenöl und Wasser 15 Minuten einweichen. Die Gurke putzen, schälen und grob zerschneiden. Nach Belieben ein Stück davon in 2 mm dicke Scheiben schneiden und zum Garnieren beiseitestellen. Die Lauchzwiebeln putzen, waschen und klein schneiden.
2. Brot mit Einweichflüssigkeit, Gurke und Lauchzwiebeln in den Mixtopf geben und mit aufgesetztem Messbecher **45 Sekunden/Stufe 5–8** ansteigend pürieren. Mit dem Spatel nach unten schieben. Brühe und Sahne dazugeben und **15 Sekunden/Stufe 5** untermixen. Mischung mit Salz, Pfeffer und Essig pikant abschmecken und in eine Schüssel umfüllen.
3. Nach Belieben die Chilischote waschen, entkernen, klein würfeln und unterheben. Mischung im Kühlschrank mindestens 1 Stunde gut durchkühlen lassen.
4. Vor dem Servieren den Mozzarella gut abtropfen lassen und in mundgerechte Stücke schneiden. Die Tomaten ebenfalls abtropfen lassen und in Streifen schneiden. Das Basilikum waschen, trocken schütteln und die Blätter von den Stängeln zupfen.
5. Die Suppe nochmals abschmecken, eventuell mit etwas Wasser oder Sahne verdünnen, auf 4 Teller verteilen und mit Gurkenscheiben, Mozzarella, Tomaten und Basilikum garniert servieren.

INFO: **Bei so wenig Kalorien können Sie sich noch Obst oder einen kleinen Nachtisch zum Mittagessen gönnen.**
Mit 50 g (Frauen) oder 100 g (Männer) Mozzarella zusätzlich ist diese kalte Suppe auch als Mittagsmahlzeit beim 5:2-Modell geeignet.

Kürbis-Linsen-Suppe mit Schinken

16:8 Protein

Für 4 Portionen • Pro Portion: 277 kcal, 19 g E, 13 g F, 22 g KH

1 Zwiebel
1 Knoblauchzehe
100 g Petersilienwurzel oder Knollensellerie
2 EL Rapsöl
100 g getrocknete Tellerlinsen
1 l Gemüsebrühe
600 g Hokkaidokürbis
2 Stängel Petersilie
200 g gekochter Schinken
Salz, Pfeffer
weißer Essig

1. Die Zwiebel abziehen und vierteln. Die Knoblauchzehe schälen. Die Petersilienwurzel schälen, putzen und grob in Stücke schneiden.
2. Zwiebel, Knoblauch, Petersilienwurzel und 1 EL Öl in den Mixtopf geben und mit aufgesetztem Messbecher **5 Sekunden/Stufe 5** zerkleinern. Anschließend **3 Minuten/120 °C/Stufe 1,5** andünsten. Die Linsen in ein Sieb geben und mit lauwarmem Wasser abspülen.
3. Linsen und 500 ml Gemüsebrühe in den Mixtopf geben und in **35–45 Minuten/100 °C/Stufe 1** linksdrehend bissfest kochen.
4. In der Zwischenzeit die Kürbisschale reinigen (sie wird mitverwendet), den Kürbis entkernen und das Fruchtfleisch grob würfeln. Die Petersilie waschen, trocken schütteln, die Blätter von den Stängeln zupfen, fein hacken und beiseitestellen.
5. 4 EL Linsen aus dem Topf in eine Schüssel geben und beiseitestellen. Kürbis in den Topf geben, die restliche Gemüsebrühe dazugießen und alles **12 Minuten/100 °C/Stufe 1** kochen.
6. Schinken in Quadrate oder Rechtecke schneiden und im restlichen Öl in einer beschichteten Pfanne knusprig braten.
7. Die Suppe **50 Sekunden/Stufe 5–8** ansteigend cremig pürieren und mit Salz, Pfeffer und Essig pikant abschmecken. Auf 4 Tellern anrichten, restliche Linsen und gebratenen Schinken in die Mitte setzen und mit Petersilie bestreut servieren.

TIPP: **Die Suppe können Sie gut portionsweise einfrieren oder mitnehmen. Den Speck dann kurz vor dem Verzehr anbraten und daraufgeben.**

INFO: **Getrocknete Tellerlinsen gibt es von braun oder grün bis gelblich – je nachdem, wie lange sie gelagert wurden. Davon hängt auch die Kochzeit ab, die zwischen 30 und 60 Minuten beträgt. Schnell geht es zum Beispiel mit den kleineren Berglinsen.**

Gelbe Linsen mit Spinat

5:2 Protein

Für 2 Portionen • Pro Portion: 502 kcal, 31 g E, 17 g F, 54 g KH

Männer: + 30 g geröstete Erdnüsse ohne Salz pro Portion

300 g frischer Blattspinat
1 Zwiebel
15 g Kokosöl
1 TL Kurkuma
1 getrocknete Peperonischote oder ½ TL Peperoncinogewürz
190 g gelbe Linsen
850 ml Gemüsebrühe
Salz, Pfeffer

1. Den Spinat waschen, verlesen, abtropfen lassen und in den Varoma legen.
2. Die Zwiebel abziehen und vierteln. Zusammen mit dem Kokosöl in den Mixtopf geben und mit aufgesetztem Messbecher **5 Sekunden/Stufe 5** zerkleinern. Mit dem Spatel nach unten schieben und **4 Minuten/120 °C/Stufe 1,5** andünsten.
3. Kurkuma, Peperonischote oder Peperoncinogewürz, Linsen und Brühe dazugeben.
4. Varoma mit dem Spinat aufsetzen und das Ganze **25 Minuten/Varoma/Stufe 1** garen.
5. Den Varoma abnehmen und den Spinat zur Suppe geben. **10 Sekunden/Stufe 2** linksdrehend unterrühren, mit Salz und Pfeffer abschmecken und auf 2 Teller verteilen.

Rotkohlrohkost mit Möhren und Granatapfel

16:8

Für 4 Portionen • Pro Portion: 200 kcal, 3 g E, 14 g F, 14 g KH

1 Orange
1 Granatapfel
500 g Rotkohl
200 g Möhren
4 Stängel glatte Petersilie
4 EL Nuss- oder Avocadoöl
3 EL Apfelessig
½ TL gemahlener Zimt
Salz, Pfeffer

1. Die Orange auspressen. Den Granatapfel quer halbieren. Mit der Schnittfläche nach unten über eine Schüssel halten und zuerst mit der schmalen, dann mit der flachen Seite eines Kochlöffels kräftig auf die Schale klopfen, sodass die Kerne herausfallen. Mit herausgefallene Trennhäutchen entfernen.
2. Den Rotkohl in Blätter teilen, waschen und die harten Mittelrippen entfernen. Blätter grob hacken. Die Möhren schälen, putzen und grob in Stücke schneiden. Die Petersilie waschen, trocken schütteln und die Blätter von den Stängeln zupfen.
3. Rotkohl, Möhren und Petersilie in den Mixtopf geben und mithilfe des Spatels **6–8 Sekunden/Stufe 5** zerkleinern.
4. Orangensaft, Öl, Essig, Zimt, Salz und Pfeffer dazugeben und **5 Sekunden/Stufe 3** linksdrehend untermischen. Rohkost nochmals mit Salz und Pfeffer abschmecken, auf 4 Teller verteilen und mit den Granatapfelkernen bestreut servieren.

TIPP: **Gut schmecken dazu auch Korinthen, die Sie im Orangensaft 15–20 Minuten einweichen lassen.**

Paprika-Bohnen-Eintopf

16:8

Für 4 Portionen • Pro Portion mit Sahne: 269 kcal, 11 g E, 11 g F, 29 g KH • Pro Portion mit Soja Cuisine: 252 kcal, 11 g E, 9 g F, 29 g KH

1 Zwiebel
1–2 Knoblauchzehen
1 EL Rapsöl
1 EL Tomatenmark
200 g Möhren
150 g Petersilienwurzel
2 rote Paprikaschoten
1 Dose geschälte Tomaten (ca. 425 g Einwaage)
500 ml Gemüsebrühe
1–2 TL Paprikapulver, edelsüß oder rosenscharf
1 gehäufter TL getrockneter Majoran
2 Fleischtomaten
1 Dose dicke weiße Bohnen (ca. 250 g Abtropfgewicht)
3 Stängel glatte Petersilie
50 ml Sahne oder Soja Cuisine für Veganer
Salz, Pfeffer

1. Die Zwiebel abziehen und vierteln. Knoblauch schälen. Beides mit dem Rapsöl in den Mixtopf geben und mit aufgesetztem Messbecher **3 Sekunden/Stufe 5** zerkleinern. Mit dem Spatel nach unten schieben und **3 Minuten/120 °C/Stufe 1,5** andünsten. Das Tomatenmark dazugeben und weitere **2 Minuten/120 °C/Stufe 1,5** andünsten.
2. Möhren und Petersilienwurzel schälen, putzen und grob zerschneiden. Die Paprikaschoten waschen, putzen und in Rauten schneiden. Die Hälfte der Paprikarauten in den Varoma legen.
3. Möhren, Petersilienwurzel, restliche Paprika, geschälte Tomaten, Gemüsebrühe, Paprikapulver und Majoran in den Mixtopf geben. Varoma aufsetzen und das Ganze **30 Minuten/Varoma/Stufe 1** kochen.

4. In der Zwischenzeit die Tomaten waschen, halbieren und Stielansätze und Kerne entfernen. Das Fruchtfleisch in Würfel schneiden. Die Bohnen durch ein Sieb abgießen, kalt abbrausen und abtropfen lassen. Petersilie waschen, mit Küchenkrepp trocken tupfen, die Blätter von den Stängeln zupfen und grob hacken.
5. Varoma abnehmen und beiseitestellen. Sahne in den Mixtopf geben und alles **30 Sekunden/Stufe 7** pürieren (Messbecher!). Mit Salz und Pfeffer abschmecken. Bohnen, Paprikarauten aus dem Varoma und Tomatenwürfel dazugeben und **5 Minuten/100 °C/Stufe 2** linksdrehend untermischen.
6. Eintopf auf 4 Teller verteilen und mit Petersilie bestreut servieren.

TIPP: **Den Eintopf können Sie gut portionsweise einfrieren. Nichtvegetarier und -veganer können auch in Schritt 5 in Scheiben geschnittene Würstchen mit erwärmen.**

Brokkoli-Erbsen-Creme

16:8 Protein

Für 2 Portionen • Pro Portion: 346 kcal, 16 g E, 21 g F, 23 g KH

2 Schalotten
1 EL Rapsöl
300 g Brokkoli
2 Stängel Minze
300 g TK-Erbsen
500 ml Gemüsebrühe
½ Bio-Limette
1 TL Wasabipaste
Salz
50 g Crème fraîche

1. Die Schalotten abziehen und halbieren. Mit dem Öl in den Mixtopf geben und mit aufgesetztem Messbecher **5 Sekunden/Stufe 5** zerkleinern. Mit dem Spatel nach unten schieben und **3 Minuten/120 °C/Stufe 1,5** andünsten.
2. In der Zwischenzeit den Brokkoli waschen, putzen und in Röschen teilen. Einige schöne Röschen nach Belieben zum Garnieren vorsehen und in den Varoma geben. Den Stiel abschälen und grob zerschneiden. Die Minze waschen, trocken schütteln und die Blätter von den Stängeln zupfen.
3. Erbsen, Brokkolistiele, restliche Röschen, Minze und Gemüsebrühe in den Mixtopf geben, Varoma aufsetzen und alles **18 Minuten/Varoma/Stufe 1** kochen.
4. Die halbe Limette auspressen.
5. Varoma abnehmen und beiseitestellen. Die Suppe **45 Sekunden/Stufe 6–8** ansteigend zu einer feinen Creme pürieren. Limettensaft und Wasabipaste dazugeben und **20 Sekunden/Stufe 3** unterrühren. Mit Salz abschmecken und je nach Geschmack mit mehr Wasabi würzen.
6. Die Crème fraîche mit dem Spatel einrühren, Suppe auf 2 Teller verteilen und mit den Brokkoliröschen aus dem Varoma garnieren.

Rote-Bete-Creme mit Feta

16:8 Protein

Für 4 Portionen • Pro Portion: 306 kcal, 12 g E, 22 g F, 14 g KH

500 g frische Rote Bete
1 Stück Ingwer (etwa haselnussgroß)
2 Knoblauchzehen
50 g ungeschälte ganze Haselnüsse oder Mandeln
750 ml Gemüsebrühe
je 2 Stängel Dill und Thymian
200 g Fetakäse
Salz, Pfeffer

1. Rote Bete schälen (am besten ziehen Sie dazu Einmalhandschuhe an, sonst bleiben Ihre Finger noch stundenlang rot) und grob zerschneiden. Den Ingwer schälen und vierteln, die Knoblauchzehen abziehen.
2. Ingwer, Knoblauch und Haselnüsse in den Mixtopf geben und mit aufgesetztem Messbecher **7 Sekunden/Stufe 5** zerkleinern. Mit dem Spatel nach unten schieben und die Roten Beten dazugeben. Mit Messbecher **3 Sekunden/Stufe 5** zerkleinern.
3. Die Brühe angießen und alles mit dem Garkörbchen zugedeckt **20 Minuten/100 °C/ Rührstufe** kochen.
4. In der Zwischenzeit Dill und Thymian waschen, mit Küchenkrepp trocken tupfen, die Blättchen von den Stielen zupfen und nach Belieben hacken. Den Feta in Würfel schneiden.
5. Die Suppe **30 Sekunden/Stufe 4–7** ansteigend pürieren (Messbecher!) und mit Salz und Pfeffer abschmecken. Auf 4 Teller verteilen, die Fetawürfel in die Mitte setzen und mit den Kräutern bestreut servieren.

TIPP: **Wer gerne schärfer isst, kann 1 EL Meerrettich (aus dem Glas) oder ½–1 TL Wasabipaste zum Abschmecken in die fertige Suppe rühren. Kalt – zum Beispiel als Drink zum Mitnehmen – hält sich die Suppe 4–5 Tage im gut verschlossenen Behältnis im Kühlschrank.**

Paprikacreme

16:8

Für 4 Portionen • Pro Portion mit Sahne: 311 kcal, 4 g E, 26 g F, 15 g KH • Pro Portion mit Soja Cuisine: 264 kcal, 4 g E, 21 g F, 14 g KH

1 große Zwiebel
3 EL Rapsöl
600 g rote Paprikaschoten
1 Orange (am besten Blutorange)
1 TL Paprikapulver, edelsüß oder rosenscharf
700 ml Gemüsebrühe
150 ml Sahne oder Soja Cuisine für Veganer
Salz, Pfeffer
4 EL Schnittlauch in Röllchen
schwarzer Pfeffer aus der Mühle

1. Die Zwiebel abziehen und vierteln. Mit 1 EL Öl in den Mixtopf geben und mit aufgesetztem Messbecher **5 Sekunden/Stufe 5** zerkleinern. Mit dem Spatel nach unten schieben und **3 Minuten/120 °C/Stufe 1,5** andünsten.
2. In der Zwischenzeit die Paprikaschoten waschen und putzen. 1 Schote in Ringe schneiden, den Rest grob hacken. Die Orange auspressen.
3. Die Paprikaringe in den Einlegeboden des Varoma legen. Das restliche Öl und die gehackten Paprikaschoten in den Mixtopf geben, Messbecher aufsetzen und Paprika **4 Sekunden/Stufe 5** zerkleinern. Mit dem Spatel nach unten schieben und das Paprikapulver dazugeben. Alles zusammen weitere **4 Minuten/100 °C/Stufe 1,5** andünsten.
4. Die Brühe angießen, den Varoma aufsetzen und das Ganze **15 Minuten/Varoma/Stufe 1** garen.
5. Den Varoma abnehmen und beiseitestellen. Die Suppe **30 Sekunden/Stufe 5–6** ansteigend fein pürieren. Orangensaft und Sahne **5 Sekunden/Stufe 3** einrühren und die Suppe mit Salz und Pfeffer abschmecken.
6. Suppe auf 4 Teller verteilen, die Paprikaringe darauf verteilen und mit Schnittlauch und Pfeffer bestreuen.

TIPP: Die Suppe eignet sich sehr gut zum Mitnehmen. Sie kann bei sommerlicher Hitze auch gut gekühlt gelöffelt werden.

Capresesuppe

5:2 Protein

Für 4 Portionen • Pro Portion: 503 kcal, 24 g E, 41 g F, 9 g KH

Männer: + 40 g Mozzarella pro Portion

750 g reife Tomaten
1 Zwiebel
1 Knoblauchzehe
3 EL Olivenöl
500 ml Gemüsebrühe
je 1 Zweig Thymian und Oregano
4 Kugeln Mozzarella
4 Stängel Basilikum
Salz, Pfeffer

1. Die Tomaten waschen, halbieren und die Stielansätze herausschneiden. Zwiebel abziehen und vierteln. Knoblauchzehe schälen.
2. Zwiebel, Knoblauch und 1 EL Olivenöl in den Mixtopf geben und mit aufgesetztem Messbecher **5 Sekunden/Stufe 5** zerkleinern. Mit dem Spatel nach unten schieben und **4 Minuten/120 °C/Stufe 1,5** andünsten.
3. Tomaten, Brühe, Thymian und Oregano in den Mixtopf geben und Tomaten mit dem Garkörbchen als Spritzschutz zugedeckt **25 Minuten/95 °C/Stufe 1** sehr weich kochen.
4. In der Zwischenzeit die Mozzarellakugeln aus den Packungen nehmen, gut abtropfen lassen und in Scheiben schneiden. Das Basilikum waschen, trocken schütteln und die Blätter von den Stängeln zupfen
5. Thymian- und Oreganozweig aus dem Mixtopf fischen und die Suppe **40 Sekunden/Stufe 6** pürieren. Mit Salz und Pfeffer abschmecken.
6. Die Suppe auf 4 Teller verteilen, die Mozzarellascheiben in die Mitte legen und die Basilikumblätter darüber verteilen. Mit je ½ EL Olivenöl beträufeln und gleich servieren.

TIPP: **Die Suppe schmeckt nach Gazpachoart auch gut gekühlt. Die abgekühlte Suppe (kann gut 2 Tage im Kühlschrank aufbewahrt werden) vor dem Servieren noch mal in den Mixtopf geben und mit 10 Eiswürfeln 30 Sekunden/Stufe 8 cremig mixen.**

Kalte Gurkensuppe mit Minze

16:8

Für 4 Portionen • Pro Portion: 228 kcal, 3 g E, 20 g F, 8 g KH

750 g Salatgurke
1 grüne Paprikaschote
100 g Staudensellerie
3 Lauchzwiebeln
2 Stängel frische Minze
3 EL Olivenöl
400 ml Gemüsebrühe oder Gemüsefond
150 g saure Sahne oder Soja Cuisine
Salz, Pfeffer
weißer Balsamicoessig
1 TL Chiliflocken

1. Die Gurke putzen und schälen. Ein etwa 10 cm langes Stück vierteln, entkernen, in 2mm dicke Scheiben schneiden und zum Garnieren beiseitestellen. Die restliche Gurke grob zerschneiden.
2. Die Paprikaschote waschen, putzen und grob zerkleinern. Den Sellerie waschen, bei Bedarf dünn schälen und klein schneiden. Die Lauchzwiebeln putzen, waschen und grob zerschneiden.
3. Die Minze waschen, mit Küchenkrepp trocken tupfen und die Blätter von den Stielen zupfen. Die Hälfte der Minze in Streifen schneiden und zum Bestreuen beiseitelegen.
4. Alle vorbereiteten Zutaten mit dem Olivenöl in den Mixtopf geben und mit dem Messbecher zugedeckt (Es spritzt!) **45 Sekunden/Stufe 5–8** ansteigend fein pürieren. Brühe und saure Sahne dazugeben und **15 Sekunden/Stufe 5** untermixen.
5. Suppe mit Salz, Pfeffer und Essig pikant abschmecken. Im Kühlschrank mindestens 1 Stunde gut durchkühlen lassen.
6. Die Suppe auf 4 Teller verteilen, die vorbereiteten Gurkenscheiben hineingeben und mit Chiliflocken und Minze bestreut servieren.

TIPP: **Die erfrischende Suppe eignet sich auch gut als Partysnack in Cocktailgläsern oder einfach zum Mitnehmen ins Büro.**

Abend

FISCHGERICHTE

Eiweißreicher Fisch macht angenehm satt, ohne den Organismus zu belasten. In der Tabelle sehen Sie, wie viel Gramm Eiweiß und Fett in 100 Gramm der jeweiligen Fischsorten enthalten sind. Und keine Angst vor den fettreichen Fischen wie Lachs oder Thunfisch (auf das Nachhaltigkeitssiegel achten!). Sie enthalten viel Omega-3-Säure, die Ihr Körper für nahezu alle lebenswichtigen Funktionen benötigt.

	E	F
Seelachs	18	1
Dorade	17	5,5
Thunfisch	22	15,5
Steinbeißer	16	2
Schellfisch	18	0,5
Heilbutt	20	2
Kabeljau	18	0,5
Garnelen	19	1,5
Lachs	20	14

Gedünsteter Kabeljau mit Paprika

5:2 Protein

Für 2 Portionen • Pro Portion: 502 kcal, 44 g E, 25 g F, 25 g KH

Männer: + 50 g Langkornreis pro Portion zusätzlich ins Garkörbchen

400 g Kabeljaufilet
½ Bio-Zitrone
je ½ rote, grüne und gelbe Paprikaschote
50 g Langkornreis
1 l Wasser
Salz
1 Schalotte
Pfeffer
3 EL Olivenöl
2 EL Schnittlauch in Röllchen

1. Das Kabeljaufilet waschen, mit Küchenkrepp trocken tupfen und in 2 Portionen teilen. Die Zitrone heiß waschen, 2 TL Zitronenschale abraspeln, eine Hälfte auspressen und den Fisch mit 1 EL Zitronensaft beträufeln. Etwas ziehen lassen.
2. Die Paprikaschoten waschen, putzen und grob zerschneiden. In den Mixtopf geben und **3 Sekunden/Stufe 4** zerkleinern. (Alternativ das Gemüse von Hand in Streifen schneiden.)
3. Den Reis in das Garkörbchen geben und kalt abbrausen. Wasser mit Salz in den Mixtopf füllen und Garkörbchen einhängen.
4. Die Schalotte abziehen und in feine Streifen schneiden.
5. 2 Stück Pergamentpapier zurechtschneiden (ca. 40 x 40 cm), anfeuchten und Paprika und Schalotte darauf verteilen. Mit Salz und Pfeffer würzen. Den Fisch darauflegen, mit Olivenöl beträufeln und ebenfalls würzen.
6. Die Päckchen verschließen, in den Varoma geben und das Ganze **20 Minuten/ Varoma/Stufe 4** garen.
7. Fischpäckchen auf eine Servierplatte geben, öffnen, den Reis neben dem Fisch anrichten und Gericht mit Schnittlauch und Zitronenraspeln bestreut servieren.

TIPP: **Im Fischpäckchen machen sich auch grüne oder schwarze entsteinte und halbierte Oliven gut. Statt des Schnittlauchs passt auch 1 EL eingelegte gehackte Kapern.**

Gedünsteter Lachs mit Salatpesto

16:8 Protein

Für 4 Portionen • Pro Portion: 692 kcal, 47 g E, 56 g F, 1 g KH

30 g gehackte Mandeln
60 g Parmesan
150 g gemischte Salatblätter (z. B. Kopfsalat, Rucola, Babyspinat)
10 Blätter frisches Basilikum
100 ml Olivenöl
1–2 EL Zitronensaft
Salz, Pfeffer (nach Belieben Cayennepfeffer)
500 ml Wasser
4 Lachsfilets (à ca. 200 g)

1. Die Mandeln in einer beschichteten Pfanne ohne Fett leicht rösten. Parmesan in Stücke brechen. Beides in den Mixtopf geben.
2. Salat und Basilikum verlesen und waschen. Mit Olivenöl und 1 EL Zitronensaft in den Mixtopf geben und alles mit aufgesetztem Messbecher **10–15 Sekunden/ Stufe 10** pürieren. Pesto in eine Schüssel umfüllen und mit Salz, Pfeffer und nach Belieben etwas mehr Zitronensaft abschmecken. Mixtopf nicht spülen und das Wasser einfüllen. (Die Pestoreste geben beim Dampfgaren ein schönes Aroma.)
3. Die Lachsfilets mit Küchenkrepp trocken tupfen, salzen, pfeffern und in den Einlegeboden des Varoma geben. Varoma aufsetzen und Lachs **20 Minuten/Varoma/Rührstufe** dämpfen.
4. Lachs auf 4 Tellern anrichten und mit dem Pesto bestreichen.

TIPP: Sie können 2 Portionen Fisch oder Fleisch in Ihrem Thermomix® auch geschmackschonend »sous vide« (französisch für vakuumverpackt) zubereiten. Dafür sollten Sie ein Vakuumiergerät zur Verfügung haben, das Sie in Kaufhäusern oder im Internet preiswert bekommen. Gargut würzen, einschweißen, in das Garkörbchen geben und so viel Wasser einfüllen, dass alles bedeckt ist. **25** (Fisch), **40** (Geflügel) oder **60** (Steaks) **Minuten/55 °C/Stufe 1** garen. Anschließend Gargut herausnehmen, trocken tupfen und nach Belieben in einer heißen Pfanne kross anbraten.

Gedämpfter Lachs in Zitronensauce

5:2 Protein

Für 2 Portionen • Pro Portion: 503 kcal, 32 g E, 40 g F, 4 g KH

Männer: + 60 g Lachs pro Portion

1 Bio-Zitrone
1–2 Knoblauchzehen
4 Stängel Dill
300 g Lachsfilet (ohne Haut)
1 EL Olivenöl
Salz, Pfeffer
200 ml Fisch- oder Gemüsefond
2 Eigelbe, Größe M
85 ml Sahne

1. Die Zitrone heiß waschen und 1 EL Schale abraspeln. ½ Frucht auspressen, den Rest in Scheiben schneiden. Die Knoblauchzehen schälen. Den Dill waschen, trocken schütteln und die Blätter von den Stängeln zupfen.
2. Das Lachsfilet mit Zitronensaft beträufeln und etwas durchziehen lassen.
3. Olivenöl und Knoblauch in den Mixtopf geben und mit aufgesetztem Messbecher **3 Sekunden/Stufe 5** zerkleinern. Mit dem Spatel nach unten schieben und **3 Minuten/120 °C/Stufe 1** andünsten.
4. Den Einlegeboden des Varoma mit Pergamentpapier auslegen. Dabei die seitlichen Schlitze zur Dampfzirkulation frei lassen. Das Lachsfilet trocken tupfen und auf das Pergamentpapier geben. Mit Salz und Pfeffer würzen.
5. Den Fond und die Zitronenraspel in den Mixtopf geben, Varoma aufsetzen und den Lachs **20 Minuten/Varoma/Rührstufe** garen.
6. Den Varoma abnehmen und beiseitestellen. Die Eigelbe mit etwas Flüssigkeit aus dem Topf in einer kleinen Schüssel verquirlen. Die Sahne in den Mixtopf geben und **2 Minuten/100 °C/Stufe 2** erwärmen. Dabei nach und nach die Eimischung durch die Deckelöffnung zum Legieren zur Sauce geben.
7. Den Lachs auf 2 Tellern anrichten, mit der Sauce begießen, mit Pfeffer bestreuen und mit dem Dill und den Zitronenscheiben garniert servieren.

Gedünsteter Kabeljau mit Pistazien und Lauch

5:2 Protein

Für 2 Portionen • Pro Portion: 503 kcal, 50 g E, 28 g F, 11 g KH

Männer: + 15 g geschälte Pistazien pro Portion zum Bestreuen

100 g Pistazien mit Schale (ca. 50 g geschält)
400 g Kabeljaufilet
1 EL Zitronensaft
Salz, Pfeffer
8 frische Salbeiblätter (optional)
2 Stangen Lauch
500 ml Wasser
30 g Butter

1. Die Pistazien schälen, in den Mixtopf geben und mit aufgesetztem Messbecher **6 Sekunden/Stufe 7** zerkleinern. In eine Schüssel umfüllen und beiseitestellen.
2. Den Einlegeboden des Varoma mit befeuchtetem Backpapier belegen. (So zuschneiden, dass die seitlichen Schlitze zur Dampfzirkulation frei bleiben.)
3. Den Kabeljau waschen, trocken tupfen und portionieren. Auf den Einlegeboden geben, mit Zitronensaft beträufeln, salzen und pfeffern und nach Belieben mit den gewaschenen Salbeiblättern belegen.
4. Den Lauch putzen, längs aufschlitzen, auffächern und gründlich waschen. In Streifen schneiden und in das Garkörbchen geben.
5. Wasser mit 1 Prise Salz in den Mixtopf geben, Garkörbchen einhängen und Varoma aufsetzen. Das Ganze **25 Minuten/Varoma/Rührstufe** dämpfen.
6. Varoma abnehmen und beiseitestellen. Butter in einer beschichteten Pfanne schmelzen und den Lauch darin schwenken.
7. Kabeljaufilets auf 2 Teller legen, den Lauch daneben anrichten und mit Pistazien bestreut servieren.

TIPP: **Gut funktioniert das Rezept zur Abwechslung auch mit Schellfisch.**

Gedämpfter Lachs auf Cremespinat mit Pinienkernen

5:2 Protein

Für 2 Portionen • Pro Portion: 502 kcal, 36 g E, 37 g F, 4 g KH

Männer: + 1 in 10 g Butter gebratenes großes Spiegelei pro Portion

300 g Lachsfilet (ohne Haut)
1 EL Zitronensaft
Pfeffer
250 g Blattspinat (frisch oder TK)
500 ml Wasser
1 kleine Zwiebel
1 Knoblauchzehe
15 g Pinienkerne
1 EL Olivenöl
25 g Frischkäse
Salz

1. Das Lachsfilet waschen, trocken tupfen und in 2 Portionen teilen. Mit Zitronensaft beträufeln und mit Pfeffer würzen.
2. Den Einlegeboden des Varoma mit Pergamentpapier auslegen, dabei die seitlichen Schlitze zur Dampfzirkulation frei lassen. Den Lachs darauflegen.
3. Blattspinat verlesen, waschen, abtropfen lassen und in den Varoma geben. (Aufgetauten TK-Spinat in einer hitzebeständigen Schüssel in den Varoma stellen.)
4. Wasser in den Mixtopf füllen, den Varoma und Varoma-Einlegeboden aufsetzen und das Ganze **15 Minuten/Varoma/Rührstufe** garen.
5. In der Zwischenzeit die Zwiebel abziehen und vierteln. Den Knoblauch schälen. Die Pinienkerne in einer beschichteten Pfanne ohne Fett goldgelb rösten und beiseitestellen.

6. Den Varoma abnehmen und beiseitestellen, den Mixtopf ausleeren und abtrocknen. Zwiebel, Knoblauch und Öl in den Mixtopf geben und mit aufgesetztem Messbecher **5 Sekunden/Stufe 5** zerkleinern. Mit dem Spatel nach unten schieben und **3 Minuten/120 °C/Stufe 1,5** andünsten.
7. Spinat aus dem Varoma dazugeben und alles **30 Sekunden/Stufe 8** pürieren.
8. Den Frischkäse **5 Sekunden/Stufe 3** einrühren und Spinat mit Salz und Pfeffer abschmecken.
9. Spinat auf 2 Tellern verstreichen, den Lachs in die Mitte setzen und mit Pinienkernen bestreut servieren.

Fischfrikadellen mit Joghurtsauce

16:8 Protein

Für 4 Portionen (je 2 Stück) • Pro Portion: 337 kcal, 33 g E, 18 g F, 10 g KH

600 g helles Fischfilet (z. B. Seelachs, Kabeljau oder Tilapia)
1 Scheibe Toastbrot
50 ml Milch
4 Lauchzwiebeln
150 g Möhren
50 g frischer Blattspinat
2 EL Rapsöl
1 TL Sardellenpaste
1 TL Zitronenabrieb
2 Eier, Größe M
1 gestrichener TL Salz
weißer Pfeffer
250 g Joghurt (10 % Fett)
500 ml Wasser

1. Fischfilet kalt abspülen, mit Küchenkrepp trocken tupfen und eventuell vorhandene Gräten entfernen. Würfeln und flach ausgebreitet auf einen gefriergeeigneten Teller legen und 1 Stunde ins Tiefkühlfach geben. Die Rinde vom Toastbrot entfernen, Brot mit den Händen zerpflücken und in einer Schüssel mit der Milch einweichen.
2. Die Lauchzwiebeln putzen, waschen und die weißen Teile grob zerschneiden. Das Grün für die Joghurtsauce aufbewahren. Die Möhren schälen, putzen und grob zerschneiden. Den Spinat waschen, verlesen und gut abtropfen lassen.
3. Die weißen Lauchzwiebelstücke in den Mixtopf geben und mit aufgesetztem Messbecher **3 Sekunden/Stufe 5** zerkleinern. Mit dem Spatel nach unten schieben und den Vorgang wiederholen. Möhren und Spinat dazugeben und **5 Sekunden/Stufe 5** zerkleinern.
4. Das Öl dazugeben und das Gemüse **5 Minuten/120 °C/Stufe 1,5** linksdrehend andünsten. In eine Schüssel umfüllen. Den Mixtopf nicht spülen.
5. Den angefrorenen Fisch in den Mixtopf geben und mit aufgesetztem Messbecher **10 Sekunden/Stufe 6** zerkleinern. Toastbrot mit Milch, Sardellenpaste, Zitronenabrieb, Eier, Salz, Pfeffer und das angedünstete Gemüse dazugeben und **10 Sekunden/Stufe 4** linksdrehend vermischen. Masse in eine Schüssel umfüllen.
6. Den Einlegeboden des Varoma mit befeuchtetem Backpapier auslegen (darauf achten, dass die seitlichen Schlitze zur Dampfzirkulation frei bleiben). Mit nassen Händen 8 Frikadellen aus der Masse formen und auf das Backpapier legen.
7. Wasser in den Mixtopf füllen, Varoma mit Einlegeboden aufsetzen und Frikadellen **25 Minuten/Varoma/Rührstufe** garen.
8. In der Zwischenzeit das Lauchzwiebelgrün in feine Ringe schneiden (ca. 5 EL) und in einer Schüssel mit dem Joghurt vermischen. Mit Salz und Pfeffer abschmecken.
9. Varoma abnehmen, Frikadellen auf Tellern anrichten und die Joghurtsauce getrennt dazu reichen.

TIPP: **Sie können auch etwas Spinat dazu essen. Einfach 300–400 g frischen Blattspinat verlesen, waschen und tropfnass in den Varoma geben. Dann den Einlegeboden mit den Frikadellen obenauf geben und alles zusammen garen.**

Gedämpfter Fisch mit Couscous und grünen Bohnen

16:8 Protein

Für 2 Portionen • Pro Portion: 480 kcal, 42 g E, 17 g F, 38 g KH

400 g weißes Fischfilet (z. B. Kabeljau, Steinbeißer oder Tilapia)
½ Zitrone
1 l Wasser
400 g grüne Bohnen
80 g Couscous
Salz, Pfeffer
1 Zweig Rosmarin
2 EL Olivenöl
2 Zitronenspalten (optional)
Rispentomaten (optional)

1. Den Fisch waschen, mit Küchenkrepp trocken tupfen, in 2 Portionen schneiden und auf einen Teller legen. Die halbe Zitrone auspressen und den Fisch mit 1 EL Zitronensaft beträufeln. Zugedeckt etwas ziehen lassen. Wasser in den Mixtopf füllen.
2. Die Bohnen putzen, waschen und in das Garkörbchen geben. Garkörbchen einhängen.
3. Couscous in ein Sieb geben, kalt abbrausen und in den Varoma geben.
4. Ein Stück Pergamentpapier für den Einlegeboden zurechtschneiden. Darauf achten, dass die seitlichen Schlitze frei bleiben, damit der Dampf zirkulieren kann. Papier befeuchten, den Fisch darauflegen, mit Salz und Pfeffer würzen und den Rosmarinzweig dazugeben.
5. Varoma und Einlegeboden auf den Thermomix® setzen und das Ganze **25 Minuten/Varoma/Rührstufe** dämpfen.
6. Einlegeboden abnehmen (Vorsicht, der Dampf ist sehr heiß!) und beiseitestellen.
7. Couscous und Bohnen in eine Schüssel geben und mit dem Olivenöl vermischen. Mit Salz und Pfeffer abschmecken.
8. Bohnen mit Couscous auf 2 Tellern anrichten, den Fisch obenauf geben und mit dem restlichen Zitronensaft beträufeln. Nach Belieben je 1 Spalte Zitrone und gewaschene Rispentomaten dazu reichen.

INFO: **Traditionell wird Couscous in seiner nordafrikanischen Heimat in einer Couscousière zubereitet. Dabei werden in einem Topf Gemüse und andere Zutaten gekocht und in einem Aufsatz darüber im Dampf der Couscous gegart. Da der Thermomix® das auch kann, haben wir uns dieses Rezept ausgedacht.**

Seelachs mit Kräutereiern

5:2 Protein

Für 4 Portionen • Pro Portion: 394 kcal, 42 g E, 22 g F, 4 g KH

800 g Seelachsfilet
Salz, Pfeffer
2–3 EL Zitronensaft
500 ml Wasser
2 Bund Lauchzwiebeln
2 Knoblauchzehen
6 Stängel glatte Petersilie oder andere Kräuter (z. B. Salbei oder Basilikum)
6 Stängel frischer Thymian
75 g weiche Butter
4 hart gekochte Eier, Größe M

1. Das Seelachsfilet waschen, mit Küchenkrepp trocken tupfen, in 4 Teile schneiden und auf einen Teller legen. Salzen, pfeffern und mit 1 EL Zitronensaft beträufeln. Etwas ziehen lassen.
2. 1 Stück Backpapier in der Größe des Varoma-Einlegebodens zurechtschneiden, anfeuchten und den Einlegeboden damit auskleiden. Darauf achten, dass die seitlichen Schlitze zur Dampfzirkulation frei bleiben. Den Fisch auf dem Backpapier verteilen.
3. Wasser in den Mixtopf geben, Varoma mit dem Seelachs aufsetzen und Fisch **20 Minuten/Varoma** garen.
4. In der Zwischenzeit die Lauchzwiebeln putzen, waschen und mit viel Grün grob zerschneiden. Knoblauchzehen schälen. Petersilie und Thymian waschen, trocken schütteln und die Blätter von den Stängeln zupfen.
5. Den Varoma abnehmen und beiseitestellen. Mixtopf ausleeren und abtrocknen.
6. Lauchzwiebeln, Knoblauch, Kräuter und Butter in den Mixtopf geben und mit aufgesetztem Messbecher **5 Sekunden/Stufe 5** zerkleinern. Mit dem Spatel nach unten schieben und alles **4 Minuten/100 °C/Stufe 1,5** andünsten.

7. Die Eier schälen und grob zerschneiden. In den Mixtopf geben und **2 Sekunden/ Stufe 4** zerkleinern. Mischung mit Salz, Pfeffer und dem restlichen Zitronensaft abschmecken.
8. Die Fischfilets auf 4 Tellern anrichten und die Eiersauce darauf verteilen.

TIPP: **Sie können den Seelachs auch zubereiten und im Kühlschrank durchziehen lassen. Das Gericht schmeckt auch kalt sehr gut.**

Fischeintopf à la Provence

16:8 Protein

Für 4 Portionen • Pro Portion: 199 kcal, 27 g E, 6 g F, 8 g KH

600 g gemischtes Fischfilet (z. B. Steinbeißer, Seelachs und Seeteufel)
1 EL Zitronensaft
2 Schalotten
2 Knoblauchzehen
1 EL Olivenöl
100 g Staudensellerie
100 g Möhren
800 ml Gemüsebrühe oder Fischfond
1 TL Fenchelsamen
2 Döschen Safranfäden
1 Dose geschälte Tomaten (ca. 400 g)
1 Bio-Orange
Salz, Pfeffer
2 Stängel glatte Petersilie

1. Die Fischfilets unter fließend kaltem Wasser abbrausen, mit Küchenkrepp trocken tupfen, in mundgerechte Stücke schneiden und auf einen Teller legen. Mit Zitronensaft beträufeln und zugedeckt beiseitestellen.
2. Die Schalotten abziehen und halbieren. Die Knoblauchzehen schälen. Beides mit dem Olivenöl in den Mixtopf geben und mit aufgesetztem Messbecher **5 Sekunden/Stufe 5** zerkleinern. Mit dem Spatel nach unten schieben und **3 Minuten/120 °C/Stufe 1,5** andünsten.
3. Staudensellerie putzen, waschen und zerteilen. (Äußere Stängel eventuell dünn abschälen.) Die Möhren schälen, putzen, waschen und grob in Stücke schneiden.
4. Das Gemüse in den Mixtopf geben, Brühe, Fenchelsamen und Safranfäden dazugeben und Gemüse in **20 Minuten/100 °C/Stufe 1** weich kochen.

5. Die Tomaten aus der Dose dazugeben und alles **40 Sekunden/Stufe 5–8** ansteigend fein pürieren. (Eventuell 1 Tomate herausnehmen, in feine Streifen schneiden und nach dem Pürieren in die Suppe geben.)
6. Die Orange heiß waschen und 2 EL Schale abraspeln. Die Frucht auspressen.
7. Die Orangenraspel mit dem Spatel unter die Suppe heben und die Suppe mit Orangensaft, Salz und Pfeffer abschmecken. Die Fischstücke dazugeben und **6 Minuten/80 °C/Stufe 0,5** linksdrehend sanft garen lassen.
8. Die Petersilie waschen, trocken schütteln und die Blätter von den Stielen zupfen.
9. Die Suppe auf 4 Teller verteilen und mit Petersilie bestreut servieren.

Gurken-Avocado-Creme mit Garnelen

16:8 Protein

Für 4 Portionen • Pro Portion: 350 kcal, 17 g E, 28 g F, 8 g KH

300 g reife Avocados
500 g Garten- oder Snackgurken
2 Schalotten
1 Bio-Zitrone
400 ml Gemüse- oder Fischfond (aus dem Glas)
150 g Crème fraîche
Salz, Cayennepfeffer
1 EL Kürbiskerne
250 g gekochte Garnelen (aus dem Kühlregal)

1. Die Avocados längs halbieren, den Stein entfernen und das Fruchtfleisch mit einem Löffel aus der Schale heben. Die Gurken putzen, schälen und grob zerschneiden. Die Schalotten abziehen und halbieren. Die Zitrone heiß waschen und 2 TL Schale fein abraspeln. Die Frucht auspressen.
2. Gurken und Schalotten in den Mixtopf geben und mit aufgesetztem Messbecher **5 Sekunden/Stufe 5** zerkleinern. Mit dem Spatel nach unten schieben und den Vorgang wiederholen.
3. Avocadofruchtfleisch, Fond, Zitronenschale und Crème fraîche dazugeben und **20 Sekunden/Stufe 4** cremig rühren. Mit Salz, Cayennepfeffer und Zitronensaft pikant abschmecken, in eine Schüssel umfüllen und 2–3 Stunden im Kühlschrank zugedeckt kalt stellen.
4. Vor dem Servieren die Kürbiskerne in einer beschichteten Pfanne ohne Fett rösten und hacken.
5. Die Creme auf 4 Teller verteilen (eventuell mit etwas kalter Milch verdünnen), die Garnelen hineingeben und Creme mit den Kürbiskernen bestreut servieren.

INFO: Die kleinen Gartengurken oder die noch kleineren Snackgurken sind aromatischer als die großen. Zudem kommen sie meist aus regionalem Anbau.

GEFLÜGEL UND FLEISCH

Auch Geflügel und Fleisch sind gute Eiweißträger. Zwar wird des Öfteren vor zu viel Eiweiß gewarnt: Die enthaltenen Purine sollen Gicht verursachen. Reichlich Gemüse zu den Fleischportionen – wie in unseren Rezepten – neutralisieren als Basenbildner den Säureüberschuss jedoch. Wer schon unter Gicht leidet, sollte seinen Fleisch- und Fischkonsum aber auf höchstens dreimal pro Woche beschränken. Der Fettanteil in magerem Fleisch ist äußerst gering. Wenn Sie auch noch Fleisch aus artgerechter Haltung bevorzugen, enthält es zudem die gesunden Omega-3-Fettsäuren.

Eiweiß- und Fettgehalt der wichtigsten Fleischsorten in g pro 100 g:

	E	F
Schweinefilet	22	2
Schweineschnitzel	22	2
Rinderfilet	22	4
Rumpsteak	22	5
Kalbsleber	19	4
Kalbsschnitzel	21	2
Lammfilet	20	3
Kaninchen	21	2
Rehfilet	22	4
Hirschmedaillon	21	3
Putenbrust ohne Haut	24	1
Hähnchenfleisch ohne Haut	22	6
Entenbrust mit Haut	20	17

Hackfleischbällchen in scharfer Sauce

5:2 Protein

Für 4 Portionen • Pro Portion: 501 kcal, 45 g E, 33 g F, 6 g KH

Männer: + 60 g gewürfelter Schinkenspeck pro Portion

100 g ungeschälte ganze Mandeln
1 Zwiebel
1–2 Knoblauchzehen
80 g getrocknete Tomaten
600 g Rinderhackfleisch
4 Eier, Größe M
Salz, Pfeffer
1 Dose gehackte Tomaten (400 g)
200 ml Wasser
1 EL Paprikapulver, rosenscharf oder edelsüß

1. Mandeln in den Mixtopf geben und mit aufgesetztem Messbecher **7 Sekunden/Stufe 8** mahlen. Zwiebel abziehen und vierteln, Knoblauch schälen. Getrocknete Tomaten grob zerschneiden. Alles zu den Mandeln geben und (Messbecher!) **6 Sekunden/Stufe 5** zerkleinern.
2. Hackfleisch und Eier dazugeben und **20 Sekunden/Stufe 3** linksdrehend vermischen. Masse in eine Schüssel umfüllen und mit Salz und Pfeffer würzen.
3. Varoma-Einlegeboden mit angefeuchtetem Backpapier auslegen, dabei die seitlichen Schlitze zur Dampfzirkulation frei lassen. Aus der Fleischmasse mit feuchten Händen Bällchen formen und auf den Einlegeboden geben.
4. Gehackte Tomaten mit Wasser und Paprikapulver in den Mixtopf geben, Varoma aufsetzen und das Ganze **30 Minuten/Varoma/Stufe 1,5** garen. Zwischendurch eventuell etwas Wasser in den Mixtopf nachfüllen.
5. Fleischbällchen in eine Schüssel oder auf 4 tiefe Teller legen und mit der Tomatensauce begießen.

TIPP: **Die Schinkenspeckwürfel für mehr Kalorien können Sie nach Belieben direkt in die rohen Bällchen kneten oder über die jeweilige Portion streuen.**

Hähnchenbällchen mit Kürbis

16:8 Protein

Für 4 Portionen • Pro Portion: 582 kcal, 55 g E, 25 g F, 33 g KH

600 g Hähnchenbrust
1 Brötchen
500 ml Milch
150 g Gouda oder Bergkäse
1 Zwiebel
1–2 Knoblauchzehen
Salz, Pfeffer
600 g Hokkaido- oder Butternutkürbis
500 ml Wasser
30 g Butter
50 g Mehl (Type 405 oder 550)
4 Stängel glatte Petersilie

1. Die Hähnchenbrust in etwa 2 cm große Würfel schneiden, flach auf einen gefrierbeständigen Teller legen und 1 Stunde im Tiefkühlfach anfrieren lassen. Das Brötchen zerschneiden und in einer Schüssel in 75 ml Milch einweichen.
2. Käse grob zerschneiden, in den Mixtopf geben und mit aufgesetztem Messbecher **8 Sekunden/Stufe 8** zerkleinern. In eine Schüssel umfüllen und beiseitestellen. Mixtopf nicht spülen.
3. Zwiebel abziehen und vierteln. Knoblauchzehen schälen. Zwiebel und Knoblauch in den Mixtopf geben und mit aufgesetztem Messbecher **5 Sekunden/Stufe 5** zerkleinern. Mit dem Spatel nach unten schieben. Hähnchenfleisch und eingeweichtes Brötchen dazugeben und **3 Sekunden/Stufe 6** zerkleinern. Masse in eine Schüssel umfüllen und den Mixtopf spülen.
4. Den Varoma-Einlegeboden mit angefeuchtetem Backpapier auslegen (dabei die seitlichen Schlitze zur Dampfzirkulation frei lassen). Die Fleischmasse mit Salz und Pfeffer würzen. Mit feuchten Händen kleine Bällchen daraus formen und diese auf den Varoma-Einlegeboden legen.
5. Hokkaidoschale reinigen (sie wird mit verwendet) bzw. Butternutkürbis dünn abschälen. Die Kerne entfernen und das Fruchtfleisch würfeln. Kürbis in das Garkörbchen geben.
6. Wasser in den Mixtopf füllen, Garkörbchen einhängen, Varoma aufsetzen und das Ganze **25 Minuten/Varoma/Rührstufe** garen.
7. Den Backofen auf 200 °C Ober-/Unterhitze (Umluft 180 °C) vorheizen. Varoma und Garkörbchen beiseitestellen, Mixtopf ausleeren und abtrocknen.
8. Butter im Mixtopf **30 Sekunden/100 °C/Stufe 2,5** schmelzen lassen. Das Mehl dazugeben und **4 Minuten/100 °C/Stufe 1,5** andünsten. Die restliche Milch mit 1 Prise Salz dazugeben und in **7 Minuten/100 °C/Stufe 3** zu einer Béchamelsauce aufkochen lassen.
9. In der Zwischenzeit die Petersilie waschen, mit Küchenkrepp trocken tupfen, die Blätter von den Stängeln zupfen und grob hacken.
10. Fleischbällchen und Kürbis in eine feuerfeste Form füllen, mit Béchamelsauce begießen und mit dem Käse bestreuen. 10–12 Minuten überbacken, bis der Käse geschmolzen und goldgelb ist. Mit Petersilie bestreuen und gleich in der Form servieren.

Hähnchenbrust mit Spinat und Curry-Kokos-Sauce

5:2 Protein

Für 4 Portionen • Pro Portion: 499 kcal, 37 g E, 33 g F, 11 g KH

Männer: + 15 g gehackte Cashewkerne pro Portion zum Bestreuen

75 g Cashewkerne, ungesalzen
500 g Hähnchenbrustfilet
300 g frischer Blattspinat
1 l Wasser
1 große Zwiebel
2 Knoblauchzehen
1 Stück Ingwer (walnussgroß)
1 EL Rapsöl
1–2 EL Currypaste oder -pulver
2 TL Kurkuma
600 ml Gemüsebrühe
400 ml cremige Kokosmilch
Salz
Limetten- oder Zitronensaft (optional)
½–1 TL Chiliflocken

1. Die Cashewkerne in den Mixtopf geben und mit aufgesetztem Messbecher **5 Sekunden/Stufe 5** zerkleinern. In eine Schüssel umfüllen und beiseitestellen.
2. Das Hähnchenbrustfilet von Sehnen befreien und in etwa 1 ½ cm breite Scheiben schneiden. In das Garkörbchen legen.
3. Den Spinat verlesen, gründlich waschen und abtropfen lassen. Grob hacken und in den Varoma legen.
4. Wasser in den Mixtopf füllen, Garkörbchen einhängen und Varoma aufsetzen. Hähnchen und Spinat **25 Minuten/Varoma/Rührstufe** dünsten. Anschließend beiseitestellen. Mixtopf ausleeren und abtrocknen.

5. Zwiebel abziehen und vierteln. Knoblauchzehen und Ingwer schälen. Ingwer grob zerschneiden. Zwiebel, Knoblauch und Ingwer mit dem Öl in den Mixtopf geben und mit aufgesetztem Messbecher **5 Sekunden/Stufe 5** zerkleinern. Mit dem Spatel nach unten schieben und **3 Minuten/120 °C/Stufe 1,5** andünsten.
6. Gewürze und Gemüsebrühe dazugeben und **15 Minuten/100 °C/Stufe 1** kochen lassen. Kokosmilch, Hähnchenfleisch, Spinat und Cashewkerne dazugeben und **5 Minuten/80 °C/Stufe 2** linksdrehend erwärmen.
7. Hähnchencurry mit Salz und – nach Belieben – Limettensaft abschmecken, auf 4 Tellern anrichten und mit Chiliflocken bestreut servieren.

Putengeschnetzeltes mit Pilzen

16:8 Protein

Für 4 Portionen • Pro Portion: 297 kcal, 41 g E, 11 g F, 7 g KH

600 g Putenbrust
300 g Pilze (z. B. Shiitake, Pfifferlinge oder Champignons)
1 Zwiebel
15 g Kokosöl oder 1 EL Rapsöl
1 gehäufter TL Paprikapulver, rosenscharf oder edelsüß
500 ml Gemüsebrühe
4 Stängel krause Petersilie
200 g Cocktailtomaten
1 EL Stärkemehl (Guarkernmehl, Agar-Agar oder Saucenbinder)
50 ml Sahne oder Crème fraîche
Salz, Pfeffer

1. Die Putenbrust in etwa 1 ½ cm dicke Streifen schneiden. Die Pilze putzen und mit Küchenkrepp abreiben. Größere Exemplare halbieren oder vierteln. Abgeschnittene, saubere Stiele können verwendet werden. Fleisch in das Garkörbchen geben und die Pilzköpfchen obenauf legen.
2. Die Zwiebel abziehen und vierteln. In den Mixtopf geben, eventuell vorhandene Pilzstiele dazugeben, Messbecher aufsetzen und alles **5 Sekunden/Stufe 5** zerkleinern. Mit dem Spatel nach unten schieben, Kokosöl und Paprikapulver dazugeben und **3 Minuten/120 °C/Stufe 1,5** andünsten.
3. Die Brühe dazugießen, das Garkörbchen aufsetzen und das Ganze zugedeckt **20 Minuten/100 °C/Stufe 0,5** garen.
4. In der Zwischenzeit die Petersilie waschen, trocken schütteln und die Blätter von den Stielen zupfen. Die Tomaten waschen und vierteln.
5. Das Garkörbchen abnehmen und beiseitestellen. Stärkemehl in den Mixtopf einstreuen und **30 Sekunden/100 °C/Stufe 3** einrühren. Pilze, Putenfleisch (mit einer Gabel etwas auseinanderzupfen, denn die Stücke kleben durch das ausgetretene Eiweiß zusammen),Tomaten und Sahne in die Sauce geben und alles **3 Minuten/100 °C/Stufe 0,5** linksdrehend vermischen und erhitzen.
6. Geschnetzeltes mit Salz und Pfeffer abschmecken, auf 4 Teller verteilen und mit Petersilie garniert servieren.

TIPP: **Das Geschnetzelte kann gut 2–3 Tage im Kühlschrank aufbewahrt werden. Bei milder Hitze aufgewärmt schmeckt es fast noch besser.**

Hähnchenbrust all'arrabiata

5:2 Protein

Für 4 Portionen • Pro Portion: 502 kcal, 55 g E, 27 g F, 9 g KH

Männer: + 25 g geraspelter Parmesan pro Portion

80 g Parmesan
1 Zwiebel
1–2 Knoblauchzehen
1 rote Peperonischote
5 EL Olivenöl
4 Hähnchenbrustfilets (à ca. 200 g)
Salz, Pfeffer
2 Dosen gehackte Tomaten (à 400 g)
1–2 EL Zitronensaft

1. Parmesan in Stücke brechen, in den Mixtopf geben und mit aufgesetztem Messbecher **8 Sekunden/Stufe 10** zerkleinern. Dann in eine Schüssel umfüllen.
2. Zwiebel abziehen und vierteln. Knoblauchzehe schälen. Peperoni waschen, längs aufschlitzen, die Kerne und Trennhäutchen entfernen und das Fruchtfleisch grob zerschneiden.
3. Zwiebel, Knoblauch und Peperoni und 2 EL Olivenöl in den Mixtopf geben und mit aufgesetztem Messbecher **5 Sekunden/Stufe 5** zerkleinern. Mit dem Spatel nach unten schieben und **4 Minuten/120 °C/Stufe 1,5** andünsten.
4. In der Zwischenzeit die Hähnchenbrustfilets von Sehnen befreien, 3–4 Mal schräg etwa 1 cm tief mit einem scharfen Messer einschneiden und kräftig salzen und pfeffern. Auf den Einlegeboden des Varoma geben.
5. Die gehackten Tomaten in den Mixtopf geben den Varoma aufsetzen und das Ganze **20 Minuten/Varoma/Stufe 1,5** linksdrehend garen.
6. Den Backofen auf 220 °C Ober-/Unterhitze (Umluft 200 °C) vorheizen. Eine Auflaufform mit 1 EL Öl auspinseln.
7. Den Varoma abnehmen und die Hähnchenbrustfilets in die Auflaufform setzen. Die Sauce mit Salz, Pfeffer und Zitronensaft pikant abschmecken und den Parmesan mit dem Spatel einrühren. Sauce über das Geflügel gießen und mit dem restlichen Olivenöl beträufeln.
8. Auflauf im Backofen auf der mittleren Schiene 12 Minuten überbacken und dann heiß in der Form servieren.

TIPP: **Wenn etwas übrig bleibt, können Sie den Rest mit ein paar halbierten Strauchtomaten und einem Spritzer Essig oder Zitronensaft auch kalt essen. Das Gericht lässt sich zudem gut einfrieren.**

Hackfleischbällchen in Gemüsesuppe

16:8 Protein

Für 4 Portionen • Pro Portion: 459 kcal, 29 g E, 29 g F, 20 g KH

1 Zwiebel
2 Knoblauchzehen
2 EL Rapsöl
50 g Semmelbrösel
1 Ei, Größe M
2 EL Tomatenmark
400 g gemischtes Hackfleisch
Salz, Pfeffer
400 g Brokkoli
200 g Zucchini
200 g Möhren
150 g Chinakohl
800 ml Gemüse- oder Fleischbrühe
2 Lorbeerblätter
2 Stängel glatte Petersilie

1. Für die Fleischbällchen Zwiebel abziehen und vierteln. Knoblauch schälen. Beides mit dem Öl in den Mixtopf geben und mit aufgesetztem Messbecher **5 Sekunden/Stufe 5** zerkleinern. Mit dem Spatel nach unten schieben und **3 Minuten/120 °C/Stufe 1,5** andünsten.
2. Semmelbrösel, Ei, Tomatenmark und Hackfleisch dazugeben und **10 Sekunden/Stufe 3** linksdrehend vermischen. Masse in eine Schüssel umfüllen und mit Salz und Pfeffer würzen. Mixtopf nicht spülen.
3. Den Einlegeboden des Varoma mit befeuchtetem Backpapier auslegen (darauf achten, dass die seitlichen Schlitze zur Dampfzirkulation frei bleiben). Mit nassen Händen 20–25 kleine Bällchen aus dem Fleischteig formen und auf das Backpapier legen.

4. Brokkoli waschen, Röschen abteilen und in den Varoma geben. Die Stiele dünn abschälen und würfeln. Zucchini waschen, putzen, längs halbieren, in Scheiben schneiden und zu den Brokkoliröschen geben.
5. Möhren schälen, putzen und in ca. 1 cm große Würfel schneiden. Chinakohl waschen und grob hacken. Möhren, Chinakohl und gewürfelte Brokkolistiele in den Mixtopf geben.
6. Brühe angießen, die Lorbeerblätter dazugeben und den Varoma mit Varoma-Einlegeboden aufsetzen. Das Ganze **25 Minuten/Varoma/Rührstufe** linksdrehend garen.
7. In der Zwischenzeit die Petersilie waschen, trocken schütteln und die Blätter von den Stängeln zupfen. Lorbeerblätter aus der Suppe fischen.
8. Die Fleischbällchen auf 4 Teller verteilen, das Gemüse aus dem Varoma dazugeben und die Suppe darüberschöpfen. Mit Petersilie bestreut servieren.

Rinderragout mit Paprika

16:8 Protein

Für 4 Portionen • Pro Portion: 382 kcal, 35 g E, 21 g F, 10 g KH

4 Schalotten
1 Stange Lauch
50 ml Olivenöl
600 g Rindfleisch (z. B. falsches Filet oder Braten)
2 EL Tomatenmark
700 ml Wasser oder Rinderbrühe
2 rote Paprikaschoten
200 g braune Champignons
2 Stängel glatte Petersilie oder Basilikum
Salz, Pfeffer

1. Die Schalotten abziehen und halbieren. Den Lauch putzen, längs aufschlitzen, auffächern, gründlich waschen und grob zerschneiden. Beides in den Mixtopf geben und mit aufgesetztem Messbecher **3 Sekunden/Stufe 5** zerkleinern. Mit dem Spatel nach unten schieben und den Vorgang wiederholen.
2. Das Öl dazugeben und Gemüse **5 Minuten/120 °C/Stufe 2** andünsten. Das Rindfleisch in etwa 1 cm breite Streifen schneiden. Tomatenmark und Rindfleischstreifen in den Mixtopf geben und alles zusammen weitere **5 Minuten/120 °C/Stufe 2** dünsten.
3. Wasser oder Brühe angießen und Ragout **40 Minuten/90 °C/Stufe 1** linksdrehend schmoren.
4. In der Zwischenzeit die Paprikaschoten waschen, putzen und in Streifen schneiden. Die Champignons mit Küchenkrepp säubern und halbieren oder vierteln. Beides zum Fleisch in den Mixtopf geben und weitere **15 Minuten/90 °C/Stufe 1** linksdrehend schmoren.
5. Petersilie waschen, trocken schütteln und hacken. Ragout mit Salz und Pfeffer abschmecken, auf 4 Teller verteilen und mit Petersilie bestreut servieren.

TIPP: **Zu diesem kalorienarmen Gericht können Sie frisches Baguette essen oder je 1 Knödel (Fertigprodukt), der im Varoma erwärmt werden kann, während das Ragout unten schmort.**

Weißkohl mit Möhren und Hackfleisch

16:8 Protein

Für 4 Portionen • Pro Portion: 442 kcal, 30 g E, 29 g F, 16 g KH

750 g Weißkohl
1 EL Kümmel (optional)
250 g Möhren
1 große Zwiebel
2 Knoblauchzehen
2 EL Rapsöl
500 g Rinderhackfleisch
800 ml Rinder- oder Gemüsebrühe
4 Stängel glatte Petersilie
Salz, Pfeffer

1. Vom Weißkohl die äußeren Blätter entfernen, den Strunk herausschneiden, die Blätter grob hacken und in den Varoma legen. Nach Belieben mit Kümmel bestreuen. Die Möhren schälen, putzen, waschen und in 5 mm dicke Scheiben schneiden.
2. Die Zwiebel abziehen und vierteln. Die Knoblauchzehen schälen. Zwiebel und Knoblauch zusammen mit dem Rapsöl in den Mixtopf geben und mit aufgesetztem Messbecher **6 Sekunden/Stufe 5** zerkleinern. Mit dem Spatel nach unten schieben und **4 Minuten/120 °C/Stufe 1,5** andünsten.
3. Das Rinderhackfleisch mit einer Gabel zerpflücken, dazugeben und **4 Minuten/100 °C/Stufe 2** linksdrehend mit andünsten.
4. Möhren und Brühe in den Topf geben, den Varoma aufsetzen und das Ganze **20 Minuten/Varoma/Stufe 1** linksdrehend garen.
5. In der Zwischenzeit die Petersilie waschen, trocken schütteln, die Blätter von den Stängeln zupfen und hacken.
6. Den Eintopf mit Salz und Pfeffer abschmecken und den Weißkohl **1 Minute/100 °C/Stufe 3** linksdrehend unterheben.
7. Auf 4 Teller verteilen und mit der gehackten Petersilie bestreut servieren.

TIPP: **Schmeckt auch gut mit Wirsing. Nach Belieben können Sie etwas gesalzene saure Sahne oder Schmand getrennt dazu reichen.**

Rindergulasch mit Pilzen

16:8 Protein

Für 4 Portionen • Pro Portion: 423 kcal, 48 g E, 20 g F, 13 g KH

300 g Zwiebeln
2 EL Olivenöl
1 EL Tomatenmark
50 g Speck- oder Schinkenwürfel
300 g kleine Schalotten
250 g braune oder weiße Champignons
800 g Rindergulasch
400 ml Rinderfond oder Gemüsebrühe
2 Lorbeerblätter
1 TL Salz
1 gestrichener EL getrockneter Majoran
1 TL Kümmel
2 EL Speisestärke
30 ml kaltes Wasser
Pfeffer
einige Blätter Basilikum oder Petersilie

1. Die Zwiebeln abziehen und vierteln. In den Mixtopf geben und mit aufgesetztem Messbecher **5 Sekunden/Stufe 5** zerkleinern. Mit dem Spatel nach unten schieben. Öl, Tomatenmark und Speckwürfel dazugeben und **5 Minuten/120 °C/Stufe 2,5** andünsten.
2. In der Zwischenzeit die Schalotten abziehen. Die Champignons mit Küchenkrepp säubern, größere Exemplare halbieren. Ganze Schalotten und die Champignons in den Varoma legen.
3. Rindfleisch in mundgerechte Würfel schneiden und mit Rinderfond, Lorbeerblättern, Salz, Majoran und Kümmel in den Mixtopf geben. Den Varoma aufsetzen und das Ganze **50 Minuten/100 °C/Stufe 1** linksdrehend garen. Zwischendurch kontrollieren, ob noch genügend Flüssigkeit im Topf ist, und gegebenenfalls 50–100 ml Brühe oder Wasser ergänzen.
4. Den Varoma abnehmen und beiseitestellen. Speisestärke mit Wasser glatt rühren, zum Fleisch geben und alles weitere **5 Minuten/100 °C/Stufe 1** linksdrehend garen.
5. Gulasch mit Salz und Pfeffer abschmecken, Schalotten und Champignons mit dem Spatel unterheben und das Ganze noch einmal **2 Minuten/100 °C/Stufe 2,5** linksdrehend durchmischen.
6. Lorbeerblätter aus dem Gulasch fischen. Gulasch auf 4 Tellern anrichten und nach Belieben mit Basilikum oder Petersilie garnieren.

Chili con Carne

5:2 Protein

Für 4 Portionen • Pro Portion: 497 kcal, 34 g E, 31 g F, 22 g KH

Männer: + 50 g Rinderhackfleisch pro Portion

2 Zwiebeln
2 Knoblauchzehen
1 rote Paprikaschote
1 rote Chilischote (optional)
3 EL Olivenöl
500 g Rinderhackfleisch
3 EL Tomatenmark
1 EL Paprikapulver, rosenscharf oder edelsüß
200 ml Fleisch- oder Gemüsebrühe
1 Dose stückige Tomaten (425 g)
300 g reife Fleischtomaten
1 Dose Kidneybohnen (ca. 250 g Einwaage)
Salz, Pfeffer

1. Die Zwiebeln abziehen und vierteln. Die Knoblauchzehen schälen. Die Paprikaschote waschen, putzen und in 5 cm lange Streifen schneiden. Die Chilischote waschen, längs aufschlitzen und die Kerne entfernen.
2. Zwiebeln, Knoblauch und Chilischote in den Mixtopf geben und mit aufgesetztem Messbecher **5 Sekunden/Stufe 5** zerkleinern. Das Olivenöl dazugießen und Gemüse **3 Minuten/120 °C/Stufe 1,5** andünsten.
3. Das Hackfleisch mit einer Gabel zerpflücken und mit dem Tomatenmark in den Mixtopf geben. Weitere **5 Minuten/100 °C/Stufe 2** linksdrehend andünsten.
4. Mit Paprikapulver würzen und Brühe, Dosentomaten und Paprikastreifen in den Mixtopf geben. **25 Minuten/100 °C/Stufe 2** linksdrehend kochen.
5. Die Tomaten waschen, halbieren, die Stielansätze und Kerne entfernen und Fruchtfleisch in feine Spalten schneiden. Die Kidneybohnen durch ein Sieb abgießen und abbrausen.
6. Tomaten und Bohnen in den Topf geben und alles zusammen **10 Minuten/100 °C/Stufe 2** linksdrehend fertig kochen. Vor dem Servieren mit Salz und Pfeffer abschmecken.

TIPP: **Gerne wird auch Mais im Chili mitgekocht. Dazu 1 Dose Goldmais (ca. 285 g Einwaage) mit den Bohnen zum Erhitzen in den Mixtopf geben. Das Gericht hat dann 549 kcal, 36 g E, 32 g F, 29 g KH.**

Minihackbraten

16:8 Protein

Für 4 Portionen • Pro Portion: 582 kcal, 34 g E, 44 g F, 12 g KH

1 Brötchen
70 ml Milch
1 Zwiebel
1–2 Knoblauchzehen
2 EL Rapsöl
600 g gemischtes Hackfleisch
2 Eier, Größe M
1 TL getrockneter Majoran
Salz, Pfeffer
75 g Tomatenmark
200 ml Wasser
2 EL Olivenöl
4 Stängel glatte Petersilie
weißer Balsamicoessig nach Belieben

1. Das Brötchen grob zerschneiden und in einer Schüssel in der Milch einweichen. Den Backofen auf 180 °C Ober-/Unterhitze (Umluft 160 °C) vorheizen.
2. Die Zwiebel abziehen und vierteln. Knoblauch schälen. Beides mit 1 EL Rapsöl in den Mixtopf geben und mit aufgesetztem Messbecher **5 Sekunden/Stufe 5** zerkleinern. Mit dem Spatel nach unten schieben und **5 Minuten/120 °C/Stufe 1,5** andünsten.
3. Brötchen mit Milch, Hackfleisch, Eier, Majoran, Salz und Pfeffer in den Mixtopf geben und **2 Minuten/Knetstufe** gut vermischen.
4. Ein Backblech mit Backpapier auslegen. Aus dem Fleischteig mit feuchten Händen 4 Laibchen formen und diese auf das Blech setzen. Mit dem restlichen Rapsöl bestreichen und auf der mittleren Schiene im Ofen in 40 Minuten goldbraun braten.

5. In der Zwischenzeit das Tomatenmark mit Wasser und Olivenöl in den Mixtopf geben und **10 Minuten/100 °C/Stufe 2** aufkochen.
6. Petersilie waschen, mit Küchenkrepp trocken tupfen und grob hacken. Sauce mit Salz, Pfeffer und eventuell Essig nach Belieben abschmecken und auf den fertigen Laibchen verstreichen. Mit Petersilie bestreut servieren.

TIPP: **Dem Hackfleisch können Sie nach Belieben auch Kapern, getrocknete Tomaten oder 1 gehackte Chilischote für mehr Schärfe zufügen. Natürlich können Sie die Laibchen auch kalt essen oder die doppelte Portion auf Vorrat zubereiten und einfrieren.**

INFO: **1 Minihackbraten ohne Tomatensauce hat 505 kcal. Die kleinen Laibe eignen sich gut zum Mitnehmen und sind außerdem ein Hingucker auf Buffet und Picknickdecke.**

Kohlpäckchen in Tomatensauce

16:8 Protein

Für 4 Portionen • Pro Portion: 443 kcal, 35 g E, 26 g F, 18 g KH

1 Brötchen
100 ml Wasser
1 kleiner Kopf Weißkohl (ca. 1 kg)
Salz
4 Stängel Petersilie
1 Zwiebel
2 Knoblauchzehen
1 EL Rapsöl
50 g Rohschinkenwürfel
500 g Rinderhackfleisch
1 Ei, Größe M
½ TL getrockneter Thymian
1 TL Paprikapulver, edelsüß oder rosenscharf
Pfeffer
300 ml Gemüsebrühe
1 Dose gehackte Tomaten (400 g)
2 EL Tomatenmark

1. Das Brötchen grob würfeln und in einer Schüssel in dem lauwarmen Wasser einweichen. Den Strunk des Kohlkopfs kegelförmig herausschneiden und die äußeren Blätter entfernen. Kohlkopf in einem großen Topf in reichlich kochendem Salzwasser 10–15 Minuten blanchieren, bis sich 8 Blätter leicht ablösen lassen. (Am besten mit einer Küchenzange arbeiten.)
2. Die Petersilie waschen, mit Küchenkrepp trocken tupfen und die Blätter von den Stängeln zupfen. Die Zwiebel abziehen und vierteln. Knoblauchzehen schälen.
3. Zwiebel, Knoblauch, Petersilie und Öl in den Mixtopf geben und mit aufgesetztem Messbecher **5 Sekunden/Stufe 5** zerkleinern. Mit dem Spatel nach unten schieben, die Schinkenwürfel dazugeben und alles **4 Minuten/120 °C/Stufe 1,5** dünsten.
4. Das Brötchen gut ausdrücken und in den Mixtopf geben. Rinderhackfleisch, Ei und die Gewürze hinzufügen und **2 Minuten/Knetstufe** vermischen. Masse in eine Schüssel umfüllen und den Mixtopf spülen.
5. Die blanchierten Kohlblätter auf einer Arbeitsfläche ausbreiten. Die Hackfleischmischung in 8 Portionen teilen und jeweils auf den Kohlblättern verteilen. Die Blätter seitlich einschlagen, aufrollen und mit Zahnstochern fixieren. Im Varoma und Varoma-Einlegeboden verteilen.
6. Die Gemüsebrühe in den Topf gießen, den Varoma aufsetzen und die Kohlrouladen **25 Minuten/Varoma/Stufe 0,5** garen.
7. Tomaten und Tomatenmark zur Gemüsebrühe geben und das Ganze weitere **15 Minuten/Varoma/Stufe 2** linksdrehend garen.
8. Rouladen auf tiefen Tellern anrichten und mit der Tomatensauce übergossen servieren.

TIPP: **Wenn Sie einen Teil des übrig gebliebenen Kohlkopfs gleich verbrauchen wollen: den Strunk entfernen und die Blätter grob zerhacken. Dann mit etwas Kümmel im Garkörbchen unter den Rouladen mitgaren.**

Hirschgulasch

16:8 Protein

Für 4 Portionen • Pro Portion: 273 kcal, 29 g E, 11 g F, 15 g KH

10 g getrocknete Steinpilze
100 ml Wasser + 3 EL
150 g Schalotten
2 Knoblauchzehen
1 EL Rapsöl
1 EL Tomatenmark
500 g Hirschgulasch
25 g dunkle Schokolade
½ TL gemahlener Zimt
1 Lorbeerblatt
5 Wacholderbeeren
800 ml Wildfond
2 EL Speisestärke
50 g Preiselbeergelee
Salz, Pfeffer

1. Die Steinpilze in einer Schüssel mit 100 ml lauwarmem Wasser einweichen.
2. Die Schalotten abziehen und halbieren. Die Knoblauchzehen schälen. Beides mit dem Öl in den Mixtopf geben und mit aufgesetztem Messbecher **3 Sekunden/Stufe 5** grob zerkleinern. Mit dem Spatel nach unten schieben, das Tomatenmark dazugeben und **4 Minuten/120 °C/Stufe 1,5** andünsten.
3. Das Fleisch in mundgerechte Stücke schneiden. Fleisch, Schokolade, Zimt, Lorbeerblatt, Wacholderbeeren und Pilze mit Einweichflüssigkeit in den Topf geben, den Fond angießen und alles in **7 Minuten/100 °C/Stufe 1** linksdrehend zum Kochen bringen. Dann **60 Minuten/85 °C/Rührstufe** linksdrehend köcheln lassen, bis das Fleisch weich ist.
4. Die Speisestärke in einer kleinen Schüssel mit 3 EL kaltem Wasser glatt rühren. **5 Minuten/100 °C/Stufe 2** linksdrehend am Gerät einstellen und die Speisestärke durch die Deckelöffnung nach und nach dazugeben. Kurz vor Ende der Kochzeit das Preiselbeergelee durch die Deckelöffnung einrühren.
5. Gulasch mit Salz und Pfeffer abschmecken und servieren.

TIPP: Zu dem Gulasch können Sie einfach Baguette reichen oder ganz klassisch Spätzle und geschmorten Rotkohl, alternativ auch Blumenkohlreis.
Fruchtiges passt gut zu diesem Wildgulasch. 2 geschälte und halbierte Birnen während der Gulaschkochzeit 30 Minuten im Varoma dämpfen und anschließend mit je 1 EL Preiselbeergelee füllen.

INFO: Nicht nur Hirsch passt zu diesem Gericht, sondern auch andere Wildsorten wie Reh, Hase oder Rebhuhn sind eine leckere Alternative. Das Fleisch ist fett- und cholesterinarm und enthält viel biologisch wertvolles Eiweiß. Jagdsaison ist bei uns im Herbst und im Winter, dann gibt es das Fleisch häufig küchenfertig beim Metzger, mit regionaler Herkunftsbezeichnung und Erlegedatum. In Supermärkten gibt es Wild tiefgekühlt, dann aber von in Gattern gehaltenen Tieren.

GEMÜSE

Bei vegetarischen Gerichten kommt das sättigende Eiweiß aus Eiern oder reichlich Käse. Für Veganer ist die Versorgung mit Eiweiß ohnehin schwieriger; sie werden meist zu Tofu greifen, der – je nach Hersteller und Sorte – 10–20 g Eiweiß pro 100 g enthält. Für veganen Ei-Ersatz sind unsere Rezepte nicht geeignet.

Überbackener Blumenkohl

5:2 Protein

Für 2 Portionen • Pro Portion: 499 kcal, 35 g E, 33 g F, 13 g KH

Männer: + 25 g Gouda pro Portion

1 Blumenkohl (700 g geputzt gewogen)
100 g mittelalter Gouda
500 ml Wasser
10 g Butter
150 ml Milch
4 Eier, Größe M
Salz, Pfeffer
frisch geriebene Muskatnuss
2 Stängel krause Petersilie

1. Den Blumenkohl in Röschen teilen, waschen und in den Varoma legen.
2. Den Käse grob zerschneiden, in den Mixtopf geben und mit aufgesetztem Messbecher **8 Sekunden/Stufe 8** reiben. In eine Schüssel umfüllen und beiseitestellen.
3. Wasser in den Mixtopf gießen, Varoma aufsetzen und den Blumenkohl **20 Minuten/Varoma/Rührstufe** dämpfen.

4. Den Backofen auf 200 °C Ober-/Unterhitze (Umluft 180 °C) vorheizen. Eine feuerfeste Form (ca. 20 x 30 cm) mit Butter ausstreichen.
5. Varoma abnehmen, den Blumenkohl in die Form geben und leicht andrücken. Mixtopf ausleeren.
6. Milch, Eier, geriebenen Käse, Salz, Pfeffer und Muskatnuss in den Mixtopf geben und **10 Sekunden /Stufe 4** (Messbecher!) verquirlen. Mischung über den Blumenkohl gießen und das Ganze 20–25 Minuten im Ofen backen, bis sich eine goldgelbe Kruste gebildet hat.
7. In der Zwischenzeit die Petersilie waschen, mit Küchenkrepp trocken tupfen, die Blätter von den Stängeln zupfen und vor dem Servieren das fertige Gericht damit bestreuen.

Brokkoli und Möhren in Schmelzkäsesauce

16:8 Protein

Für 4 Portionen • Pro Portion: 441 kcal, 26 g E, 28 g F, 20 g KH

700 g Brokkoli
700 g Möhren
Salz
600 ml Wasser
100 g Emmentaler
200 ml Milch
50 ml Sahne
250 g Schmelzkäse (ca. 45 % Fett i. Tr.)
frisch geriebene Muskatnuss
Pfeffer
Zitronensaft

1. Den Brokkoli putzen, waschen und die Köpfchen von den Stielen schneiden. In den Varoma-Einlegeboden geben. Die Stiele schälen und in Scheiben schneiden. Die Möhren schälen, putzen und ebenfalls in Scheiben schneiden. Möhrenscheiben und Brokkolistiele in den Varoma legen.
2. Salzwasser in den Mixtopf füllen, den Varoma aufsetzen und das Gemüse **20–25 Minuten/Varoma/Rührstufe** garen. In der Zwischenzeit den Emmentaler klein würfeln.
3. Den Varoma abnehmen und beiseitestellen. Den Mixtopf ausleeren. Milch, Sahne, Emmentaler und Schmelzkäse in den Mixtopf füllen und mit dem Messbecher zugedeckt **5 Minuten/80 °C/Stufe 2,5** erhitzen, bis der Käse geschmolzen ist.
4. Sauce mit Muskatnuss würzen und mit Salz, Pfeffer und Zitronensaft pikant abschmecken. Das Gemüse in 4 – am besten vorgewärmte – tiefe Teller füllen und mit der Käsesauce begießen.

TIPP: Lecker zu Brokkoli schmeckt auch weißer Spargel. Nach dem Schälen die Köpfchen abschneiden und zu dem Brokkoli in den Varoma-Einlegeboden geben. Die Stängel in 2 cm lange Stücke schneiden und im Varoma garen.

Kräuter-Zucchini-Auflauf mit Käsekruste

5:2 Protein

Für 4 Portionen • Pro Portion: 503 kcal, 32 g E, 37 g F, 10 g KH

Männer: + 25 g Käse pro Portion

1 EL Rapsöl
30 g frische Kräuter (z. B. Majoran, Thymian oder Oregano)
250 g würziger Käse (z. B. Gruyère oder Bergkäse)
4 Eier, Größe M
200 g saure Sahne
Salz, Pfeffer
1 kg Zucchini
1 Bund Lauchzwiebeln

1. Den Backofen auf 200 °C Ober-/Unterhitze (Umluft 180 °C) vorheizen. Eine feuerfeste Form (ca. 20 x 30 x 5 cm) mit Öl auspinseln. Die Kräuter waschen, mit Küchenkrepp trocken tupfen und die Blätter abzupfen.
2. Den Käse grob zerschneiden, in den Mixtopf geben und mit aufgesetztem Messbecher **10 Sekunden/Stufe 10** reiben. Eier, saure Sahne, Kräuter, Salz und Pfeffer dazugeben und **10 Sekunden/Stufe 4** verrühren.
3. Die Zucchini waschen, putzen und in ca. 3 mm breite Scheiben schneiden. Die Hälfte der Scheiben in der Form verteilen und mit ⅓ der Sauce begießen. Dann die übrigen Zucchinischeiben daraufgeben und die restliche Sauce darüberstreichen.
4. Auflauf 20–25 Minuten auf der mittleren Schiene im Ofen backen, bis eine goldbraune Kruste entstanden ist.
5. In der Zwischenzeit die Lauchzwiebeln putzen, waschen und mit viel Grün in Ringe schneiden. Den fertigen Auflauf vor dem Servieren damit bestreuen.

Auberginencurry

Für 2 Portionen • Pro Portion: 569 kcal, 23 g E, 39 g F, 30 g KH

½–1 rote Chilischote
1 Zwiebel
2 Knoblauchzehen
2 EL Rapsöl
750 g Aubergine
1 Dose Kokosmilch (400 g)
1–2 EL Madras-Currypulver oder 2 TL Currypaste
200 ml Wasser oder Gemüsebrühe
4 Stängel Koriander oder glatte Petersilie
1 kleine Dose Kichererbsen (265 g)
200 g Tofu natur
Salz, Pfeffer

1. Die Chilischote waschen, längs aufschlitzen, die Kerne entfernen und Schote grob zerschneiden. Die Zwiebel abziehen und vierteln. Knoblauchzehen schälen. Vorbereitetes Gemüse mit dem Öl in den Mixtopf geben und mit aufgesetztem Messbecher **5 Sekunden/Stufe 5** zerkleinern. Mit dem Spatel nach unten schieben und **3 Minuten/120 °C/Stufe 1,5** andünsten.
2. In der Zwischenzeit die Aubergine waschen, putzen und in etwa 1 ½ cm große Würfel schneiden. Zusammen mit Kokosmilch, Currypulver und Wasser in den Mixtopf geben und das Ganze **18 Minuten/100 °C/Stufe 1** linksdrehend garen.
3. Koriander waschen, gut trocken schütteln und die Blätter von den Stielen zupfen. Die Kichererbsen durch ein Sieb abgießen, abspülen und abtropfen lassen. Den Tofu in mundgerechte Würfel schneiden.
4. Kichererbsen und Tofu zu den Auberginen geben und **5 Minuten/100 °C/Stufe 1** linksdrehend erhitzen. Mit Salz und Pfeffer abschmecken.
5. Auberginencurry auf 4 tiefe Teller oder Schalen verteilen und mit dem Koriander bestreut servieren.

Gemüserösti mit Halloumi

5:2 Protein

Für 4 Portionen (je 2 Stück) • Pro Portion: 498 kcal, 25 g E, 37 g F, 14 g KH

Männer: + ein großer Klecks Ketchup (80 g) pro Portion

2 Knoblauchzehen
200 g Joghurt
Salz
1 rote Paprikaschote
250 g Möhren
4 Stängel Petersilie oder Dill
225 g Halloumi
5 Eier, Größe M
50 g gemahlene Mandeln
Pfeffer
1 TL Paprikapulver, edelsüß oder rosenscharf
40 g Kokosöl

1. Die Knoblauchzehen schälen, in den Mixtopf geben und mit aufgesetztem Messbecher **3 Sekunden/Stufe 5** zerkleinern. Joghurt und etwas Salz dazugeben und **7 Sekunden/Stufe 5** mixen. In eine Schüssel umfüllen und beiseitestellen.
2. Den Backofen auf 100 °C Ober-/Unterhitze (Umluft 80 °C) vorheizen.
3. Paprikaschote waschen, putzen und grob zerschneiden. Möhren schälen, putzen und zerschneiden. Petersilie waschen, trocken schütteln und die Blätter von den Stängeln zupfen. Den Halloumi auspacken und grob zerschneiden.
4. Möhren in den Mixtopf geben und 4 Sekunden/Stufe 5 (Messbecher!) zerkleinern. Paprika, Petersilie und Halloumi dazugeben und weitere **5 Sekunden/Stufe 5** zerkleinern.
5. Eier, Mandeln und Gewürze zum Gemüse geben und **10 Sekunden/Stufe 4** verrühren.
6. 20 g Kokosöl in einer großen beschichteten Pfanne erhitzen Von der Hälfte der Masse mit einem Löffel 4 Rösti in die Pfanne geben, flach drücken und von jeder Seite 2 Minuten knusprig braten. Im Backofen warm halten und aus der übrigen Masse mit dem restlichen Öl weitere 4 Rösti braten.
7. Rösti auf einem Teller anrichten mit dem Knoblauchjoghurt servieren.

TIPP: **Die Rösti können heiß oder kalt genascht werden und passen auch sehr gut auf einen bunten Salat.**
Auch aus anderem Gemüse lassen sich Rösti herstellen, versuchen Sie zum Beispiel 250 g Zucchini und 250 g jungen Spinat.

Spinatfrittata

5:2

Für 4 Portionen • Pro Portion: 498 kcal, 24 g E, 28 g F, 35 g KH

Männer: + 15 g ohne Fett geröstete Pinienkerne pro Portion zum Bestreuen

700 g festkochende Kartoffeln
500 g frischer Blattspinat
1 l Wasser
150 g Schalotten
25 g Butter
150 ml Schlagsahne
75 g Frischkäse
8 Eier, Größe M
Salz, Pfeffer
200 g Cocktailtomaten
etwas Fett für die Form

1. Die Kartoffeln schälen, waschen, in Scheiben oder Würfel schneiden und in das Garkörbchen geben. Den Spinat waschen, verlesen und tropfnass in den Einlegeboden des Varoma legen.
2. Wasser in den Mixtopf gießen, Garkörbchen einhängen, Varoma aufsetzen und das Gemüse **20 Minuten/Varoma/Rührstufe** weich dünsten. Anschließend beiseitestellen und den Mixtopf ausleeren und abtrocknen.
3. Den Backofen auf 180 °C Ober-/Unterhitze (Umluft 160 °C) vorheizen. Die Schalotten abziehen und vierteln. In den Mixtopf geben und mit aufgesetztem Messbecher **5 Sekunden/Stufe 5** zerkleinern. Mit dem Spatel nach unten schieben, die Butter dazugeben und Schalotten **4 Minuten/100 °C/Stufe 1,5** dünsten.
4. Sahne, Frischkäse, Eier, Salz und Pfeffer dazugeben und **45 Sekunden/Stufe 3** verrühren. Die Tomaten waschen, abtropfen lassen und halbieren.
5. Kartoffeln und Spinat abwechselnd in eine leicht gefettete Form (ca. 20–25 cm) schichten, mit der Eiermasse begießen und mit den Tomaten belegen.
6. Frittata 20–25 Minuten im Backofen stocken lassen, bis die Oberfläche schön goldgelb ist.

TIPP: Die Frittata schmeckt auch mit Mangold gut. Beim Mangold die Mittelrippen herausschneiden und die Blätter (halbiert oder geviertelt) dann mit den Schalotten zerkleinern und andünsten. Sie können die Frittata auch lauwarm oder kalt genießen, und sie eignet sich gut zum Mitnehmen.

Blumenkohl in 3-Käse-Safran-Sauce

16:8 Protein

Für 4 Portionen • Pro Portion: 422 kcal, 25 g E, 30 g F, 12 g KH

50 g Parmesan
100 g alter Gouda oder Bergkäse
1 großer Blumenkohl (ca. 1 kg geputzt gewogen)
Salz
500 ml Wasser
125 g Mozzarella
40 g Butter
10 g Mehl (Type 405)
200 ml Milch
1 Döschen Safran
etwas Zitronensaft
Pfeffer

1. Den Parmesan grob in Stücke brechen, in den Mixtopf geben und mit aufgesetztem Messbecher **8 Sekunden/Stufe 10** reiben. In eine Schüssel umfüllen. Gouda grob zerschneiden und im Mixtopf **8 Sekunden/Stufe 8** zerkleinern. Zum Parmesan geben und beiseitestellen.
2. Den Blumenkohl putzen, waschen, in Röschen teilen und in den Varoma legen. Den Strunk in Stücke schneiden und in das Garkörbchen geben.
3. Salzwasser in den Mixtopf füllen, den Gareinsatz einhängen und den Varoma aufsetzen. Das Ganze **20–25 Minuten/Varoma/Rührstufe** garen.
4. Den Varoma abnehmen und beiseitestellen. Den Mixtopf ausgießen und abtrocknen. Mozzarella in Stücke schneiden.
5. Butter **30 Sekunden/100 °C/Stufe 2** im Mixtopf schmelzen. Das Mehl dazugeben und **3 Minuten/100 °C/Stufe 1,5** andünsten. Die Milch dazugießen und Sauce **3 Minuten/100 °C/Stufe 2,5** eindicken lassen.

6. Mozzarella, Gouda, Parmesan und die Hälfte der Safranfäden dazugeben und **2 Minuten/100 °C/Stufe 2,5** schmelzen lassen. Mit Zitronensaft, Salz und Pfeffer abschmecken.
7. Blumenkohl auf 4 Teller verteilen, mit der Sauce begießen und mit dem restlichen Safran garnieren.

TIPP: **Sie können für die Käsesauce auch andere Käsesorten wählen. Durch die Kombination von mehreren Sorten kommt der Käsegeschmack sehr gut zur Geltung.**

Zucchinikasserolle

5:2 Protein

Für 4 Portionen • Pro Portion: 499 kcal, 31 g E, 36 g F, 9 g KH

Männer: + 1 hart gekochtes Ei pro Portion

185 g Bergkäse
2 Stangen Lauch (ca. 300 g geputzt gewogen)
700 g Zucchini
3 EL Rapsöl
8 Eier, Größe M
2 TL Backpulver
Salz, Pfeffer
Petersilie zum Bestreuen

1. Backofen auf 200 °C Ober-/Unterhitze (Umluft weniger geeignet) vorheizen.
2. Bergkäse in den Mixtopf geben und mit aufgesetztem Messbecher **8 Sekunden/Stufe 8** zerkleinern. In eine Schüssel umfüllen und beiseitestellen.
3. Den Lauch putzen, längs aufschlitzen, gründlich waschen und mit viel Grün grob in Stücke schneiden. Die Zucchini putzen, waschen und grob zerschneiden.
4. Den Lauch in den Mixtopf geben, Messbecher aufsetzen und **10 Sekunden/Stufe 5** zerkleinern. Mit dem Spatel nach unten schieben, 2 EL Öl dazugeben und Lauch **3 Minuten/120 °C/Stufe 1,5** andünsten. Zucchini dazugeben und **5 Sekunden/Stufe 5** zerkleinern.
5. Die Eier in einer Schüssel mit Backpulver, Salz und Pfeffer verquirlen, in den Mixtopf gießen und **10 Sekunden/Stufe 3** linksdrehend untermischen.
6. Eine Auflaufform (etwa 20 x 30 cm) dünn mit dem restlichen Öl bepinseln, die Zucchinimasse einfüllen, mit dem Käse bestreuen und 15 Minuten im Ofen backen, bis die Oberfläche goldgelb ist.

Gemüsecurry mit Tofu

5:2 Protein

Für 4 Portionen • Pro Portion: 503 kcal, 23 g E, 37 g F, 18 g KH

Männer: + 50 g Tofu pro Portion

2 Zwiebeln
2 EL Rapsöl
2 EL Madras-Currypulver
350 g Brokkoli
400 g Möhren
400 g Champignons
400 ml Gemüsebrühe
500 g Tofu (natur oder geräuchert)
150 ml Sojasahne
frisch geriebene Muskatnuss
Salz, Pfeffer

1. Die Zwiebeln abziehen und vierteln. Zusammen mit dem Öl in den Mixtopf geben und mit aufgesetztem Messbecher **5 Sekunden/Stufe 5** zerkleinern. Dann **3 Minuten/120 °C/Stufe 1,5** andünsten. Den Curry dazugeben und weitere **2 Minuten/120 °C/Stufe 1,5** dünsten.
2. In der Zwischenzeit den Brokkoli waschen, putzen und in Röschen teilen. Den Stiel – wenn nötig – dünn abschälen und würfeln. Beides in den Varoma geben.
3. Die Möhren schälen, putzen und in Stäbchen oder Scheiben schneiden. Zum Brokkoli geben. Die Pilze mit Küchenkrepp säubern, größere Exemplare halbieren oder vierteln und auf dem Einlegeboden des Varoma verteilen.
4. Brühe in den Mixtopf gießen, Varoma und Varoma-Einlegeboden aufsetzen und das Ganze **25 Minuten/Varoma/Stufe 1** garen. Den Tofu in etwa 1 ½ cm große Würfel schneiden und die letzten 10 Minuten zu den Champignons im Einlegeboden geben.
5. Varoma abnehmen und beiseitestellen. Sojasahne in den Mixtopf gießen, mit dem Spatel einrühren und die Sauce mit Muskatnuss, Salz und Pfeffer abschmecken.
6. Gemüse, Pilze und Tofu aus dem Varoma zur Sauce geben und **1 Minute/Stufe 2** linksdrehend untermischen. Gemüsecurry auf 4 Teller verteilen und gleich servieren.

Beilagen

Süßkartoffelpüree mit Walnüssen

5:2 16:8

Für 4 Portionen • Pro Portion: 256 kcal, 4 g E, 8 g F, 41 g KH

1 Schalotte
10 g Kokosöl
200 g Möhren
1 TL Madras-Currypulver
Salz
100 ml Wasser
600 g Süßkartoffeln
30 g Walnüsse
1 Stängel Petersilie
Pfeffer

1. Die Schalotte abziehen, vierteln und in den Mixtopf geben. Mit aufgesetztem Messbecher **3 x 3 Sekunden/Stufe 5** zerkleinern. Das Kokosöl dazugeben und Schalotte **4 Minuten/120 °C/Stufe 1,5** andünsten.
2. Die Möhren schälen, putzen und grob zerschneiden. In den Mixtopf geben und mit aufgesetztem Messbecher **5 Sekunden/Stufe 5** zerkleinern. Curry und 100 ml Salzwasser dazugeben, sodass die Möhren damit bedeckt sind.
3. Die Süßkartoffeln schälen, waschen und in ca. 2 x 2 cm große Stücke schneiden. Auf die Möhren geben und Gemüse zugedeckt **15 Minuten/100 °C/Stufe 1** weich kochen. Anschließend **20 Sekunden/Stufe 6** pürieren.

4. In der Zwischenzeit die Walnüsse etwas zerkleinern und in einer beschichteten Pfanne ohne Fett goldgelb rösten. Die Petersilie waschen, trocken schütteln und die Blätter vom Stängel zupfen.
5. Das Püree mit Salz und Pfeffer abschmecken, in einer Schüssel anrichten, mit den Nüssen bestreuen und mit Petersilie garnieren.

TIPP: **In der kalten Jahreszeit passen Maronen gut ins Püree. Einfach statt der Walnüsse 8 geröstete Maronen (zum Beispiel vom Weihnachtsmarkt) schälen und zerbröseln.**

Weißkohl-Kartoffel-Püree

Für 6 Portionen • Pro Portion: 189 kcal, 5 g E, 12 g F, 16 g KH

500 g mehligkochende Kartoffeln
3–4 Blätter Weißkohl, Wirsing oder Grünkohl (ca. 350 g)
Salz
1 l Wasser
1 Bund Lauchzwiebeln
75 g Butter
100 ml Milch oder Soja- oder Mandeldrink für Veganer
Salz, Pfeffer
frisch geriebene Muskatnuss

1. Die Kartoffeln schälen, waschen, vierteln und in das Garkörbchen geben. Den Kohl waschen, die harten Mittelrippen entfernen und die Blätter in Streifen schneiden und in den Varoma legen.
2. Salz und Wasser in den Mixtopf füllen, Garkörbchen einhängen, Varoma aufsetzen und das Ganze **25 Minuten/Varoma/Rührstufe** dämpfen. Varoma abnehmen, Garkörbchen beiseitestellen. Den Mixtopf ausleeren und abtrocknen.
3. Die Lauchzwiebeln putzen, waschen und grob zerschneiden. In den Mixtopf geben und mit aufgesetztem Messbecher **5 Sekunden/Stufe 5** zerkleinern. Mit dem Spatel nach unten schieben, 25 g Butter dazugeben und Zwiebeln **3 Minuten/100 °C/Stufe 1,5** andünsten.
4. Den Kohl dazugeben und weitere **2 Minuten/100 °C/Stufe 1,5** dünsten. Kartoffeln und Milch einfüllen und alles **6 Sekunden/Stufe 5** nicht zu fein pürieren.
5. Püree mit Salz, Pfeffer und Muskatnuss abschmecken. In eine Schüssel umfüllen und die restliche Butter in Flocken obenauf geben.

TIPP: **Das Püree können Sie auch kalt auf Brot essen oder ein Stück Fleisch oder Tofu dazu braten.**

INFO: **Colcannon heißt dieses Gericht in Irland und ist dort ein Muss zu Halloween, aber auch am St. Patrick's Day. Früher wurde es als Hauptgericht gegessen, heute aber eher als Beilage zu Fleisch oder einfach auf Brot.**

Bohnenpüree

5:2 16:8 Protein

2 Portionen • Pro Portion: 304 kcal, 18 g E, 12 g F, 29 g KH

1 kg frische oder 400 g tiefgekühlte Dicke Bohnen
2 Schalotten
1 Knoblauchzehe
1 EL Olivenöl
150 ml Gemüsefond
1 kleine rote Zwiebel
2 Stängel Dill
Salz, Pfeffer
Zitronensaft nach Belieben
Zitronenspalten (optional)

1. Die Bohnen palen bzw. tiefgekühlte Bohnen auftauen lassen. Schalotten und Knoblauchzehe abziehen, zusammen mit dem Olivenöl in den Mixtopf geben und mit aufgesetztem Messbecher **5 Sekunden/Stufe 5** zerkleinern, dann **3 Minuten/120 °C/Stufe 1** andünsten.
2. Die Bohnen dazugeben und **10 Sekunden/Stufe 5** zerkleinern. Den Fond angießen und Bohnen **12 Minuten/100 °C/Stufe 0,5** linksdrehend garen. Zwischendurch 1–2 Mal mit dem Spatel nach unten schieben.
3. In der Zwischenzeit die rote Zwiebel abziehen und in Scheiben schneiden. Den Dill waschen, trocken schütteln und die Blättchen von den Stängeln zupfen.
4. Die Bohnen **10 Sekunden/Stufe 6** pürieren und mit Salz, Pfeffer und Zitronensaft abschmecken.
5. Bohnenpüree auf 2 Teller verteilen und mit Zwiebelringen und Dill bestreut servieren. Nach Belieben zum Würzen Zitronenspalten darauflegen oder getrennt dazu reichen.

TIPP: **Sehr lecker schmecken dazu kleine Lammkoteletts. 2 Stück pro Person treiben Ihre Kalorien allerdings in die Höhe: 550 kcal/Portion.**

Zucchinibrot

5:2 16:8 Protein

Für 12 Scheiben • Pro Scheibe: 134 kcal, 7 g E, 11 g F, 1 g KH

250 g Zucchini
Salz
100 g Gouda
4 Stängel glatte Petersilie
3 Eier, Größe M
150 g gemahlene Mandeln
1 ½ TL Backpulver
etwas Fett für die Form

1. Die Zucchini waschen, putzen, grob in Stücke schneiden und in den Mixtopf geben. Mit aufgesetztem Messbecher **3 Sekunden/Stufe 4** raspeln. In eine Schüssel umfüllen, kräftig salzen und 10 Minuten stehen lassen.
2. Den Backofen auf 180 °C Ober-/Unterhitze (Umluft 160 °C) vorheizen.
3. Den Gouda grob zerschneiden, in den Mixtopf geben und **8 Sekunden/Stufe 8** reiben (Messbecher!). Die Petersilie waschen, mit Küchenkrepp trocken tupfen, die Blättchen von den Stängeln zupfen und in den Mixtopf geben. Die Zucchini sehr gut ausdrücken und dazugeben.
4. Eier, gemahlene Mandeln und Backpulver hinzufügen und alles in **10 Sekunden/Stufe 4** zu einem glatten Teig rühren.
5. Eine Kastenform (ca. 24 cm Länge) einfetten, den Teig darin verstreichen und 35–40 Minuten im vorgeheizten Backofen goldgelb backen. Nach 30 Minuten mit einem Holzstäbchen die Garprobe machen: Wenn kein Teig mehr daran kleben bleibt, ist das Brot fertig.
6. Brot in der Form lauwarm werden oder ganz auskühlen lassen und dann auf ein Brett stürzen.

TIPP: **Das Zucchinibrot schmeckt am besten ganz frisch – lauwarm zum Beispiel zu einem Salat oder komplett ausgekühlt nach Belieben mit Wurst oder Käse belegt. Sie können es auch gut zum Lunch mitnehmen. Wegen der enthaltenen Eier sollten Sie es im Kühlschrank aufbewahren.**

Ratatouille

5:2 16:8

Für 4 Portionen • Pro Portion: 96 kcal, 4 g E, 5 g F, 10 g KH

300 g Auberginen
Salz
200 g Zucchini
1 weiße Zwiebel
1–2 Knoblauchzehen
1 EL Olivenöl
300 g reife Tomaten
1 rote Paprikaschote
je 2 Zweige Majoran, Thymian und Oregano
Pfeffer
Balsamicoessig (optional)

1. Die Auberginen waschen, putzen, in etwa 1 ½ cm große Würfel schneiden, in eine Schüssel geben, salzen und zugedeckt ruhen lassen, damit sie Wasser ziehen.
2. Die Zucchini waschen, putzen und in 1 ½ cm große Würfel schneiden. Die Zwiebel abziehen und vierteln. Die Knoblauchzehe schälen.
3. Zwiebel, Knoblauch und Olivenöl in den Mixtopf geben und mit aufgesetztem Messbecher **4 Sekunden/Stufe 5** zerkleinern. Mit dem Spatel nach unten schieben und **5 Minuten/120 °C/Stufe 1** andünsten.
4. In der Zwischenzeit die Tomaten waschen, vierteln und die Stielansätze herausschneiden. Die Paprikaschote waschen, putzen und grob zerschneiden. Die Kräuter waschen, trocken schütteln und die Blätter von den Stängeln zupfen.
5. Tomaten, Paprika und Kräuter in den Mixtopf geben und **2 Sekunden/Stufe 4** zerkleinern (Messbecher!). Anschließend **12 Minuten/100 °C/Stufe 1** linksdrehend dünsten.
6. Die Auberginen in ein Sieb geben, mit kaltem Wasser abbrausen und gut ausdrücken. Zusammen mit den Zucchini in den Mixtopf geben und weitere **12 Minuten/100 °C/Stufe 1,5** linksdrehend garen.
7. Ratatouille mit Salz, Pfeffer und nach Belieben etwas Balsamicoessig pikant abschmecken und heiß oder kalt servieren.

TIPP: **Ratatouille schmeckt immer – ob als Beilage zu Gegrilltem, kalt aufs Brot oder schnell püriert mit etwas Brühe als Suppe. Eignet sich auch gut zum portionsweisen Einfrieren.**

Geschmorter Rotkohl mit Orangen und Nüssen

5:2 16:8

Für 4 Portionen • Pro Portion: 112 kcal, 3 g E, 7 g F, 7 g KH

600 g Rotkohl
1 große Zwiebel
1 EL Rapsöl
2 EL Rotweinessig
200 ml Gemüsebrühe
4 Stängel Thymian
10 g Rosinen oder Cranberrys
½ Bio-Orange
30 g Walnusshälften
Salz, Pfeffer

1. Vom Rotkohl die äußeren Blätter entfernen. Kopf längs in vier Teile schneiden und den Strunk herausschneiden. Die Blätter grob zerteilen und in 2 Portionen jeweils **4 Sekunden/Stufe 4** im Mixtopf mithilfe des Spatels zerkleinern und dann in eine Schüssel umfüllen.
2. Die Zwiebel abziehen, vierteln und in den Mixtopf geben. **3 Sekunden/Stufe 5** mit aufgesetztem Messbecher zerkleinern. Das Öl dazugießen und Zwiebel **3 Minuten/120 °C/Stufe 1,5** andünsten. Mit dem Rotweinessig ablöschen.
3. Den Rotkohl wieder in den Mixtopf geben und die Gemüsebrühe angießen. Den Thymian waschen, trocken schütteln und die Blättchen gegen die Wuchsrichtung von den Stängeln streifen. Die Hälfte der Blättchen zum Rotkohl geben, den Rest beiseitestellen. Rotkohl **25 Minuten/100 °C/Stufe 2** linksdrehend garen.
4. Die Rosinen mit dem Spatel unterheben. Die Orange heiß waschen, 1 EL Schale abraspeln und die Frucht auspressen. Schale und 50 ml Saft zum Rotkohl geben und alles weitere **5 Minuten/100 °C/Stufe 1** linksdrehend garen.

5. In der Zwischenzeit – nach Belieben – die Walnusshälften in einer beschichteten Pfanne ohne Fett rösten.
6. Den Rotkohl mit Salz und Pfeffer abschmecken, auf 2 Teller verteilen und mit den Walnusshälften und den restlichen Thymianblättchen bestreut servieren.

TIPP: **Einen schönen runden Geschmack bekommt der Rotkohl, wenn Sie zum Schluss noch 2 EL Preiselbeer-, Sauerkirsch- oder Johannisbeergelee unterrühren. Zimt- und Nelkenpulver zaubern zudem weihnachtliches Aroma in Ihre Rotkohlbeilage.**

Blumenkohlgemüse

5:2 16:8

4 Portionen • Pro Portion: 98 kcal, 5 g E, 5 g F, 8 g KH

500 g Blumenkohl
1 gelbe oder orangefarbene Paprikaschote
150 g Zucchini
1–2 Knoblauchzehen
15 g Kokosöl
200 ml Gemüsebrühe
2 Stängel glatte Petersilie
Salz, Pfeffer
1–2 EL weißer Essig (z. B. Reisessig)

1. Blumenkohl putzen, waschen und in Röschen teilen. In 2 Portionen im Mixtopf jeweils **4 Sekunden/Stufe 4** auf etwa Reiskorngröße zerkleinern. In das Garkörbchen geben.
2. Die Paprikaschote putzen, waschen und grob zerschneiden. Zucchini waschen, putzen und ebenfalls grob zerschneiden. Die Knoblauchzehe schälen.
3. Paprika, Zucchini und Knoblauch in den Mixtopf geben und mit aufgesetztem Messbecher **5 Sekunde/Stufe 5** zerkleinern.
4. Das Kokosöl dazugeben und Gemüse **4 Minuten/120 °C/Stufe 2** andünsten. Die Brühe angießen, das Garkörbchen mit dem Blumenkohl einhängen und das Ganze zugedeckt **18 Minuten/100 °C/Stufe 1** linksdrehend weich dünsten.
5. Die Petersilie waschen, trocken schütteln und die Blätter von den Stängeln zupfen.
6. Den Blumenkohl mit dem Spatel unter das Gemüse im Mixtopf heben, mit Salz, Pfeffer und Essig pikant abschmecken und kurz **3 Sekunden/Stufe 3** linksdrehend durchrühren.
7. Gemüse auf Teller oder Schüsseln verteilen und mit Petersilie bestreut servieren.

TIPP: **Je nach Saison können als Gemüse zum Blumenkohl auch Möhren, Fenchel oder Kürbis dazukommen.**

Proteinbrot mit Haselnüssen

5:2 16:8 Protein

Für ca. 20 Scheiben • Pro Scheibe: 101 kcal, 6 g E, 8 g F, 1 g KH

100 g Leinsamen
130 g ganze Haselnüsse
20 g Chiasamen
20 g Sonnenblumenkerne
5 Eier, Größe M
300 g Quark
1 TL Salz
1 Päckchen Backpulver
etwas Fett für die Form

1. Den Backofen auf 180 °C Ober-/Unterhitze (Umluft 160 °C) vorheizen.
2. Leinsamen und 80 g Haselnüsse in den Mixtopf geben, Messbecher aufsetzen und **15 Sekunden/Stufe 8** zerkleinern.
3. Die restlichen Zutaten (auch die übrigen ganzen Haselnüsse) dazugeben und in **20 Sekunden/Stufe 4** zu einem Teig verrühren.
4. Eine Kastenform (ca. 25 cm Länge) dünn einfetten, den Teig hineingeben und im vorgeheizten Backofen 55–60 Minuten backen. Gegen Ende der Backzeit eventuell mit Alufolie abdecken.
5. Brot in der Form abkühlen lassen, dann auf ein Brett stürzen und möglichst frisch genießen. Im Kühlschrank hält es sich 2–3 Tage.

Quark-Eier-Brot mit Mandeln

5:2 16:8 Protein

Für ca. 20 Scheiben • Pro Scheibe: 58 kcal, 4 g E, 4 g F, 1 g KH

60 g ungeschälte ganze Mandeln
80 g Leinsamen
15 g Weizenkleie
150 g Quark
4 Eier, Größe M
½ Päckchen Backpulver
½ TL Salz
etwas Fett für die Form

1. Den Backofen auf 160 °C Ober-/Unterhitze (Umluft 140 °C) vorheizen. Mandeln und 50 g Leinsamen in den Mixtopf geben und mit aufgesetztem Messbecher **10 Sekunden/Stufe 8** mahlen.
2. Kleie, Quark, Eier, Backpulver und Salz dazugeben und in **20 Sekunden/Stufe 4** zu einem recht dünnen Teig verrühren.
3. Eine Kastenform (ca. 24 cm Länge) dünn einfetten, den Teig hineingeben und mit den restlichen Leinsamen bestreuen. Im vorgeheizten Backofen 45–50 Minuten backen, bis an der Oberfläche eine goldgelbe Kruste entstanden ist.
4. Brot vollständig auskühlen lassen und dann aus der Form lösen.

TIPP: **Am besten im Kühlschrank aufbewahren und innerhalb von 3 Tagen verbrauchen.**

INFO: **Kleie sind die Reste der Getreideverarbeitung. Sie bleibt übrig, wenn das Mehl abgesiebt ist, wodurch kaum noch Kohlenhydrate enthalten sind. Sie besteht etwa zur Hälfte aus Ballaststoffen und punktet mit viel Eiweiß. Als Zutat beim Backen ist sie nützlich, weil sie schnell aufquillt und den Teig luftiger macht.**

Wenig Süßes

Erdbeersofteis

16:8

Für 6 Portionen • Pro Portion: 101 kcal, 1 g E, 5 g F, 9 g KH

500 g Erdbeeren
1 Päckchen Vanillezucker
25 g kandierter Ingwer
100 g Crème fraîche

1. Die Erdbeeren waschen, gut abtropfen lassen und putzen. 350 g auf einem kältebeständigen Teller ausbreiten und 3 Stunden im Tiefkühlfach gefrieren lassen.
2. Die restlichen 150 g Erdbeeren mit dem Vanillezucker in den Mixtopf geben und mit aufgesetztem Messbecher **2 Sekunden/Stufe 4** zerkleinern. Sauce in eine Schüssel umfüllen und zugedeckt im Kühlschrank durchziehen lassen.
3. Die gefrorenen Erdbeeren mit dem kandierten Ingwer in den Mixtopf füllen und **10 Sekunden/Stufe 8** zerkleinern (Messbecher!). Die Crème fraîche dazugeben und **30 Sekunden/Stufe 4** verrühren.
4. Das Eis gleich in Schalen anrichten und mit der Erdbeersauce beträufelt servieren.

TIPP: In Arbeitsschritt 3 können Sie statt der Crème fraîche auch 2 frische Eiweiße verwenden. Die zerkleinerten Erdbeeren mit dem Spatel an den Rand schieben, damit der Schmetterling eingesetzt werden kann, und dann **2 Minuten/Stufe 4** unterrühren.

Melonensorbet

16:8

Für 6 Portionen • Pro Portion: 45 kcal, 2 g E, 0 g F, 9 g KH

400 g Cantaloupe-Melone (vorbereitet gewogen)
½ Limette
2 Eiweiße

1. Die Melone halbieren, entkernen und schälen. In etwa 2 cm große Stücke schneiden, flach auf einem Tablett oder Gefrierbeutel ausbreiten und 3 Stunden ins Gefrierfach legen.
2. Die halbe Limette auspressen. Limettensaft und gefrorene Melonenstücke in den Mixtopf geben und mit aufgesetztem Messbecher **15 Sekunden/Stufe 8** zerkleinern.
3. Mit dem Spatel nach unten und an den Rand schieben, die Eiweiße dazugeben, den Schmetterling einsetzen und **60 Sekunden/Stufe 3,5** cremig rühren.
4. Sorbet auf Dessertschüsseln verteilen und sofort servieren.

TIPP: **Auch mit Pfirsichen, Nektarinen oder Aprikosen kann man das Sorbet machen. Nach Belieben können Sie es auch mit Fruchtstücken oder Schokoraspeln bestreuen.**

Buttermilchmousse mit Beeren

16:8

Für 4 Portionen • Pro Portion: 158 kcal, 8 g E, 5 g F, 19 g KH

4 Blatt weiße Gelatine
3 Löffelbiskuits (ca. 25 g)
1 Vanilleschote
25 g Zucker
400 ml Buttermilch
60 ml Sahne
200 g Erdbeeren oder andere Beeren
Minzeblätter (optional)

1. Die Gelatine nach Packungsanleitung in kaltem Wasser einweichen.
2. Die Löffelbiskuits in den Mixtopf geben und mit aufgesetztem Messbecher **3 Sekunden/Stufe 4** zerkleinern. (Alternativ können Sie sie auch mit den Händen zerbröseln.) In 4 Gläser umfüllen. Den Mixtopf nicht säubern.
3. Die Vanilleschote längs aufschlitzen und das Mark herauskratzen. Zucker mit Vanillemark in den Mixtopf geben und mit aufgesetztem Messbecher **20 Sekunden/Stufe 10** zu Vanillezucker mahlen.
4. Buttermilch und Sahne dazugeben und **4 Sekunden/Stufe 3** vermischen. Die Gelatine tropfnass bei milder Hitze in einem kleinen Topf auflösen und mit 2 EL der Buttermilchmischung verrühren. **10 Sekunden/Stufe 3** am Gerät einstellen und die Gelatinemasse durch die Deckelöffnung in den Mixtopf gießen und verrühren.
5. Die Erdbeeren waschen und putzen. 4 schöne Exemplare zum Garnieren halbieren, die restlichen grob zerschneiden.
6. Abwechselnd Buttermilchmischung und Erdbeeren in die Gläser füllen und 2 Stunden im Kühlschrank stocken lassen.
7. Vor dem Servieren die restlichen Erdbeeren auf der Buttermilchmousse verteilen und diese nach Belieben mit Minzeblättern garniert servieren.

Zabaglione mit Früchten

16:8

Für 4 Portionen • Pro Portion: 112 kcal, 3 g E, 5 g F, 8 g KH

200 g Himbeeren
2 reife Aprikosen
4 Eigelbe, Größe M
75 g Zucker
1 EL Speisestärke
100 ml trockener Weißwein
Minzeblätter (optional)

1. Die Himbeeren behutsam waschen, gut abtropfen lassen und verlesen. Die Aprikosen waschen, entkernen und in Spalten schneiden.
2. Den Schmetterling in den Mixtopf einsetzen, Eigelbe, Zucker, Speisestärke und Wein in den Mixtopf geben und **10 Minuten/80 °C/Stufe 3** schaumig rühren.
3. Masse noch warm in hohe Gläser oder Dessertschalen füllen, sofort das Obst obenauf geben oder Creme erst abkühlen lassen. Nach Belieben mit Minzeblättern garnieren.

TIPP: **Wenn Sie auf Alkohol verzichten wollen, ersetzen Sie den Wein durch Apfel- oder hellen Traubensaft.**

Hüttenkäse mit Himbeeren

16:8 Protein

Für 6 Portionen • Pro Portion: 220 kcal, 19 g E, 12 g F, 8 g KH

50 g Goldleinsamen
250 g Hüttenkäse
500 g Quark
4 Eier, Größe M
1 Prise Salz
10 g Butter
200 g Himbeeren

1. Den Backofen auf 160 °C Ober-/Unterhitze (Umluft 140 °C) vorheizen. Leinsamen in den Mixtopf geben und mit aufgesetztem Messbecher **15 Sekunden/ Stufe 10** schroten.
2. Hüttenkäse, Quark, Eier und Salz dazugeben und **10 Sekunden/Stufe 3** vermischen.
3. Eine Quiche- oder Springform (ca. 25 cm Durchmesser) mit Butter einfetten und die Masse einfüllen.
4. Himbeeren verlesen, behutsam abbrausen und gut abtropfen lassen. Auf der Quarkmasse verteilen und leicht andrücken.
5. Auflauf 30 Minuten im Ofen backen, bis die Masse gestockt ist. Etwas abkühlen lassen und lauwarm oder kalt genießen.

Brühen zum Kochen und für zwischendurch

Gemüsepaste für Brühe

5:2 16:8

Für ca. 60 Portionen (3 Gläser à 200 ml) • Pro Portion (1 EL): 10 kcal, 0 g E, 1 g F, 1 g KH

200 g Brokkoli
200 g Fenchel
250 g Möhren
200 g Tomaten
150 g Grünkohl
100 g Zwiebel
1 Knoblauchzehe
1 Stück Ingwer (haselnussgroß)
50 g braune Champignons
15 g frische Kräuter (z. B. Petersilie, Thymian und Oregano)
100 g grobes Meersalz
2 TL Kurkuma
½–1 TL schwarzer Pfeffer
2 EL Olivenöl
50 ml Wasser

1. Das Gemüse waschen, putzen und grob zerschneiden. Zwiebel schälen und grob klein schneiden. Knoblauchzehe und Ingwer schälen. Champignons mit Küchenkrepp abreiben und halbieren. Die Kräuter waschen, trocken schütteln und die Blätter von den Stängeln zupfen.

2. Brokkoli, Fenchel, Möhren, Zwiebel, Knoblauch und Ingwer in 2 Portionen in den Mixtopf geben und mit aufgesetztem Messbecher jeweils **5 Sekunden/Stufe 5** zerkleinern. In eine Schüssel umfüllen. Grünkohl, Champignons, Tomaten und Kräuter in den Mixtopf geben und mithilfe des Spatels **5 Sekunden/Stufe 5** zerkleinern. Mit dem Spatel nach unten schieben und das übrige Gemüse wieder dazugeben.
3. Salz, Kurkuma, Pfeffer, Olivenöl und Wasser dazugeben, den Gareinsatz als Spritzschutz auf den Deckel stellen und alles **30 Minuten/120 °C/Stufe 2** einkochen. Eventuell zwischendurch mit dem Spatel nach unten schieben.
4. Messbecher aufsetzen und das Ganze **25 Sekunden/Stufe 8–10** ansteigend zu einer cremigen Paste pürieren. In vorbereitete Schraubgläser füllen, fest verschließen und kopfüber abkühlen lassen. Im Kühlschrank aufbewahren.

INFO: **Die Paste hält sich bis zu 3 Monate im Kühlschrank. Für eine Brühe nehmen Sie jeweils 1 gehäuften EL für 500 ml Wasser. Sie können die Paste überall dort zum Einsatz bringen, wo in den Rezepten Gemüsebrühe steht, können aber auch Saucen damit verfeinern.**

TIPP: **Je nach Saison und Laune können auch andere Gemüsesorten zur Paste verarbeitet werden. Es sollte immer ca. 1 kg Gemüse ergeben. Harte und blättrige Gemüsesorten am besten getrennt zerkleinern. Für mehr Pilzaroma können Sie zusätzlich 15 g getrocknete Steinpilze etwa 20 Minuten in 50 ml lauwarmem Wasser einweichen und in Punkt 4 mit dem Einweichwasser in den Mixtopf geben.**

Pulver für Gemüsebrühe

Für ca. 60 Portionen • Pro Portion (1 EL): 8 kcal, 0 g E, 0 g F, 1 g KH

500 g Möhren
300 g Lauch
200 g Knollensellerie
200 g Zwiebeln
2–3 Knoblauchzehen, nach Belieben auch mehr
100 g glatte Petersilie
50 g frisches Liebstöckel (»Maggikraut«)
400 g Meersalz

1. Möhren, Lauch und Sellerie putzen, waschen und grob in Stücke schneiden. Zwiebeln und Knoblauch schälen und grob zerteilen. Die Kräuter waschen, trocken schütteln und die Blätter von den Stängeln zupfen.
2. Gemüse und Kräuter in 2 Portionen in den Mixtopf geben und jeweils mit aufgesetztem Messbecher **10 Sekunden/Stufe 8** zerkleinern. Dann in eine Schüssel umfüllen.
3. Das Meersalz mit der Gemüsemasse vermischen. 2–3 Bleche mit Backpapier auslegen, die Masse darauf verstreichen und 7–8 Stunden bei 80 °C im Backofen mit angelehnter Tür (Kochlöffel in die Ofentür klemmen) trocknen.
4. Die getrocknete Paste in den sauberen und trockenen Mixtopf geben, dabei zwischen Deckel und Messbecher ein Küchenpapier klemmen (Es staubt!), und **30 Sekunden/Stufe 10** pulverisieren.
5. Brühepulver in 3 saubere und trockene Schraubgläser à ca. 200 ml füllen und gut verschließen. Das Pulver hält sich 6 Monate.

TIPP: **Mit der getrockneten Paste können auch noch etwa 50 g getrocknete Pilze oder 1–2 EL getrockneter Thymian, Majoran oder Oregano gemahlen werden. Wer es scharf liebt, nimmt Chiliflocken oder rosenscharfes Paprikapulver dazu.**

Paste für Hühnerbrühe

5:2 16:8

Für ca. 60 Portionen (3 Gläser à 200 ml) • Pro Portion (1 EL): 14 kcal, 2 g E, 1 g F, 0 g KH

1 Hähnchenkeule oder Hähnchenbrust (ca. 400 g)
1 große Zwiebel
150 g Möhren
100 g Petersilienwurzel
75 g Knollensellerie
1 Stange Lauch
1–2 Knoblauchzehen
2 Stängel glatte Petersilie
2 EL Rapsöl
2 Lorbeerblätter
1 TL gemahlener weißer Pfeffer
25 g grobes Meersalz
50 ml Wasser

1. Das Hähnchenfleisch von der Haut befreien. Fleisch in etwa 2 cm große Würfel schneiden und auf einem gefrierfesten Teller ausgebreitet 30 Minuten in den Tiefkühler geben.
2. In der Zwischenzeit die Zwiebel abziehen und vierteln. Möhren, Petersilienwurzel und Knollensellerie schälen, putzen und grob zerschneiden. Lauch putzen, gründlich waschen und grob zerteilen. Knoblauch schälen. Petersilie waschen, trocken schütteln und mit den Stängeln grob hacken.
3. Das leicht gefrorene Fleisch in 2 Portionen in den Mixtopf geben und mit aufgesetztem Messbecher jeweils **10 Sekunden/Stufe 6** zerkleinern. In eine Schüssel umfüllen. Mixtopf nicht spülen.
4. Das vorbereitete Gemüse und die Petersilie mit dem Öl in den Mixtopf geben und mit aufgesetztem Messbecher **10 Sekunden/Stufe 5** zerkleinern. Mit dem Spatel nach unten schieben und **5 Minuten/100 °C/Stufe 2,5** andünsten.

5. Fleisch, Gewürze und Wasser dazugeben und offen **30 Minuten/100 °C/Stufe 2** einkochen. Dabei das Garkörbchen als Spritzschutz auf den Deckel stellen. Lorbeerblätter herausfischen.
6. Mit aufgesetztem Messbecher alles **40 Sekunden/Stufe 8–10** ansteigend zu einer Paste mixen und heiß in vorbereitete Schraubgläser füllen. Gleich fest verschließen und abgekühlt im Kühlschrank aufbewahren. Hält sich ungeöffnet 2–3 Monate.

TIPP: **Je nach gewünschter Intensität rühren Sie für eine Hühnerbrühe 1 oder 2 EL Brühepaste in 500 ml kochendes Wasser ein.**

Paste für Rinderbrühe

5:2 16:8

Für ca. 60 Portionen (3 Gläser à 200 ml) • Pro Portion (1 EL): 20 kcal, 1 g E, 2 g F, 0 g KH

1 große Zwiebel
150 g Möhren
100 g Knollensellerie
1 Stange Lauch
2 Knoblauchzehen
2 Stängel glatte Petersilie
2 EL Rapsöl
50 g getrocknete Tomaten ohne Öl
300 g Rinderhackfleisch
1 TL getrockneter Majoran oder Thymian
1 TL gemahlener schwarzer Pfeffer
2 Lorbeerblätter
3 Wacholderbeeren
25 g grobes Meersalz
50 ml Wasser, Rotwein oder Sherry

1. Die Zwiebel abziehen und vierteln. Möhren und Sellerie schälen, putzen und grob zerschneiden. Lauch putzen, gründlich waschen und zerteilen. Den Knoblauch schälen. Die Petersilie waschen, trocken schütteln und mit den Stängeln grob hacken.
2. Vorbereitetes Gemüse mit dem Öl in den Mixtopf geben und mit aufgesetztem Messbecher **10 Sekunden/Stufe 5** zerkleinern. Mit dem Spatel nach unten schieben und **5 Minuten/100 °C/Stufe 2,5** andünsten.
3. Alle übrigen Zutaten mit dem Spatel unterheben und das Ganze offen **30 Minuten/100 °C/Stufe 2** einkochen lassen. Dabei das Garkörbchen als Spritzschutz auf den Deckel stellen. Lorbeerblätter herausfischen.
4. Mit aufgesetztem Messbecher **40 Sekunden/Stufe 8–10** ansteigend zu einer Paste mixen und heiß in vorbereitete Schraubgläser füllen. Gleich fest verschließen und abgekühlt im Kühlschrank aufbewahren. Hält sich ungeöffnet 2–3 Monate.

TIPP: Zusätzlich passen auch 25 g getrocknete Pilze in die Paste. Klein schneiden, etwa 20 Minuten in 50 ml lauwarmem Wasser einweichen und in Punkt 3 mit dem Einweichwasser (statt des Wassers in der Zutatenliste) in den Mixtopf geben.
Für einen Teller Brühe rechnen Sie am besten mit 1 EL Paste für 250 ml kochendes Wasser.

Register

16:8 16:8

5:2 5:2

Proteinreich Protein

Mit Fleisch

Mit Fisch

Vegetarisch

Vegan

Bildnachweis

S. 7: S-F/Shutterstock.com; S. 13: allstars/Shutterstock.com; S. 14: victoriaKh/Shutterstock.com; S. 17, 19, 158: Africa Studio/Shutterstock.com; S. 17, 166: womue/stock.adobe.com; S. 27, 35: Julia Sudnitskaya/Shutterstock.com; S. 27, 52, 119: Ildi Papp/Shutterstock.com; Hans Geel/Shutterstock.com; Donna Vincent/Shutterstock.com; S. 29: BartFire/Shutterstock.com; S. 29, 44, 58, 80: MaraZe/Shutterstock.com; S. 29, 64: Fascinadora/Shutterstock.com; S. 29, 31, 51:Tatiana Volgutova/Shutterstock.com;; S. 32, 72: Yulia Davidovich/Shutterstock.com; S. 33: artem evdokimov/Shutterstock.com; S. 34, 149: Timolina/Shutterstock.com; S. 36: MShev/Shutterstock.com; S. 39: Ekaterina Kondratova/Shutterstock.com; S. 40, 57: Anna Shepulova/Shuttertock.com; S. 42, 46, 108: Liliya Kandrashevich/Shutterstock.com; S. 43: Life morning/Shutterstock.com; S. 45: LanaSweet/Shutterstock.com; S. 48: virtu studio/Shutterstock.com; S. 49: iuliia_n/Shutterstock.com; S. 55: Elena Shashkina/Shutterstock.com; S. 59: Sander Claes/Shutterstock.com; S. 61: Alaina Sharpshair/Shutterstock.com; S. 62: NADK/Shutterstock.com; S. 65: Viktor Kochetkov/Shutterstock.com; S. 66: yingko/Shutterstock.com; S. 69: Tatiana Bralnina/Shutterstock.com; S. 71: DronG/Shutterstock.com; S. 74: Master1305/Shutterstock.com; S. 76: vm2002/Shutterstock.com; S. 77: Nadiia Loboda/Shutterstock.com; S. 79: BartFire/Shutterstock.com; S. 81: BBA Photography/Shutterstock.com; S. 83: Elena Veselova/Shutterstock.com; S. 84: anfoto/Shutterstock.com; S. 86: sugar0607/istock.com; S. 89, 117: Lapina Maria/Shutterstock.com; S. 90: Stepanek Photography/Shutterstock.com; S. 91: Oleksandra Naumenko/Shutterstock.com; S. 92: apolonia/Shutterstock.com; S. 93: marco mayer/Shutterstock.com; S. 95: Hans Geel/Shutterstock.com; S. 96: Marina Parshina/Shutterstock.com; S. 98: koss13/Shutterstock.com; S. 101: Marina Mi/Shutterstock.com; S. 103: studio f22 ricardo rocha/Shutterstock.com; S. 105: minadezhda/Shutterstock.com; S. 107: Donna Vincent/Shutterstock.com; S. 111: PosiNote/Shutterstock.com; S. 112: Christian-Fischer/Shutterstock.com; S. 114, 146: AS Food studio/Shutterstock.com; S. 118: Alexander Levitsky/Shutterstock.com; S. 120: Barbara Dudzinska/Shutterstock.com; S. 122: Arkadiusz Fajer/Shutterstock.com; S. 125, 154: Brent Hofacker/Shutterstock.com; S. 126: -lvinst-/istock.com; S. 129: Bernd Schmidt/Shutterstock.com; S. 131: Frannyanne/Shutterstock.com; S. 133: richardernestyap/Shutterstock.com; S. 134: Olha Afanasieva/Shutterstock.com; S. 135: Bartosz Luczak/Shutterstock.com; S. 136: Cesarz/Shutterstock.com; S. 139: A_Lein/Shutterstock.com; S. 141: Mariontxa/Shutterstock.com; S. 142: Peredniankina/Shutterstock.com; S. 143: Hassel Sinar/Shutterstock.com; S. 145: margouillat photo/Shutterstock.com; S. 148: Fh Photo/Shutterstock.com; S. 150: travellight/Shutterstock.com; S. 153: sugar0607/istock.com; S. 155: Sohadiszno/istock.com; S. 156: Elena Zajchikova/Shutterstock.com; S. 159: FPWing/Shutterstock.com; S. 161: Anna_Pustynnikova/Shutterstock.com; S. 161: AGfoto/Shutterstock.com; S. 162: teleginatania/Shutterstock.com; S. 165: monticello/Shutterstock.com; S. 169: Pinkyone/Shutterstock.com; S. 170: Anna Hoychuk/Shutterstock.com